KB240778

빛깔있는 책들 101-8

팔도 굿

글/황루시 ● 사진/김수남

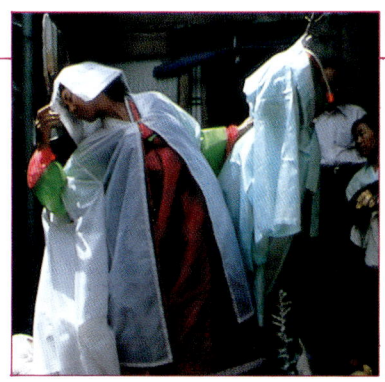

대원사

황루시 ——————————
이화여자대학교 신문방송학과와
같은 대학원 국문학과를 졸업했으
며 국문학박사이다.
현재는 관동대학교 국어교육과 조
교수로 재직하고 있으며 저서로는
「한국인의 굿과 무당」이 있다.

김수남 ——————————
연세대학교 지질학과를 졸업했으
며 동아일보사 출판사진부 기자를
역임했다. 현재는 프리랜서로 일
하고 있다. 사진집 「풍물굿」, 「장
승제」, 「호미씻이」를 냈다.

팔도 굿

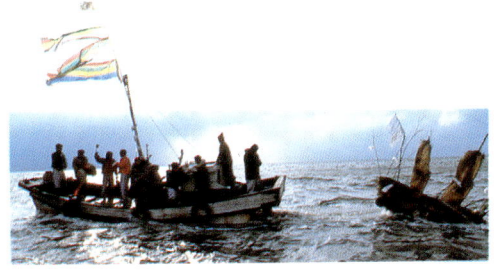

사진으로 보는 팔도 굿

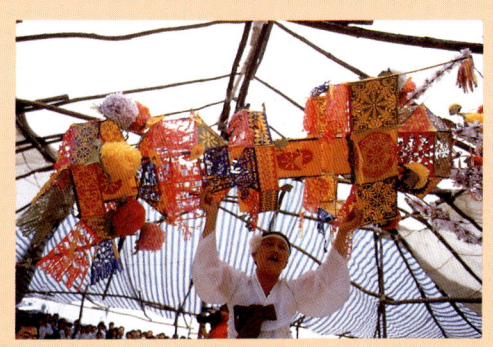

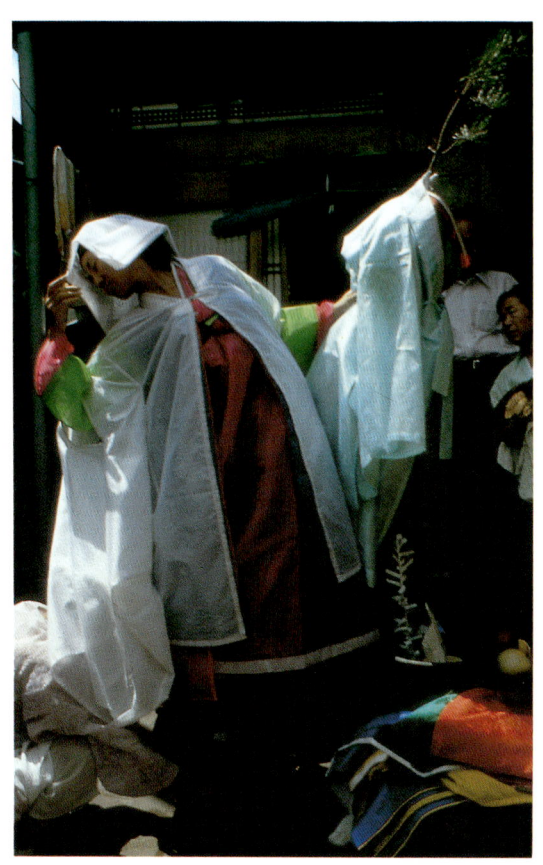

내림굿
●

내림굿은 신병을 앓는 환자를 당당한 사제자인 무당으로 만드는 입무의례(入巫儀禮)이다. 입무자인 채희아는 경기 여고와 서울 대학교를 졸업하고 미국에서 석사 과정을 수료했다. 트랜스 무용을 전공한 채희아는 자료 수집차 귀국했다가 우연히 황해도 굿의 비디오테이프를 보게 되었고 이 때 발작 증세를 보였다. 그것을 계기로 황해도 큰무당 김금화를 만나 결국 내림굿을 받았다. 내림굿을 받은 후 채희아는 정서적으로 훨씬 안정되었고 두 달 동안 김금화의 집에 머무르면서 굿을 배우다가 미국으로 돌아갔다. 현재는 샤머니즘을 기조로 한 전위무용가로 활약하고 있다.

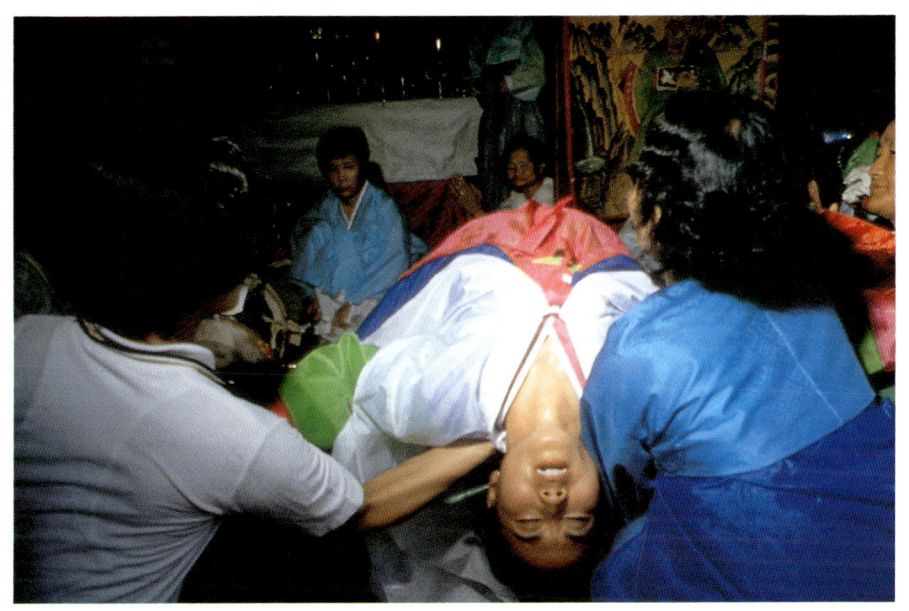

일월맞이. 해와 달은 무당을 지켜 주는 수호신이다. 이른 새벽에 입무자가 산에 올라가
생명의 방향인 동쪽으로 뻗은 신성한 소나무 가지를 꺾어온다. 그 가지에 무구인 구리거
울 명도를 끼우고 신복을 입혀 일월대를 만든다. 일월대는 곧 해와 달의 의인화된 모습
이다. 먼저 일월대를 들고 춤추어 신과의 합일을 꾀하고 있다. (왼쪽)
무당은 춤을 통해 신과 하나가 된다. (오른쪽)

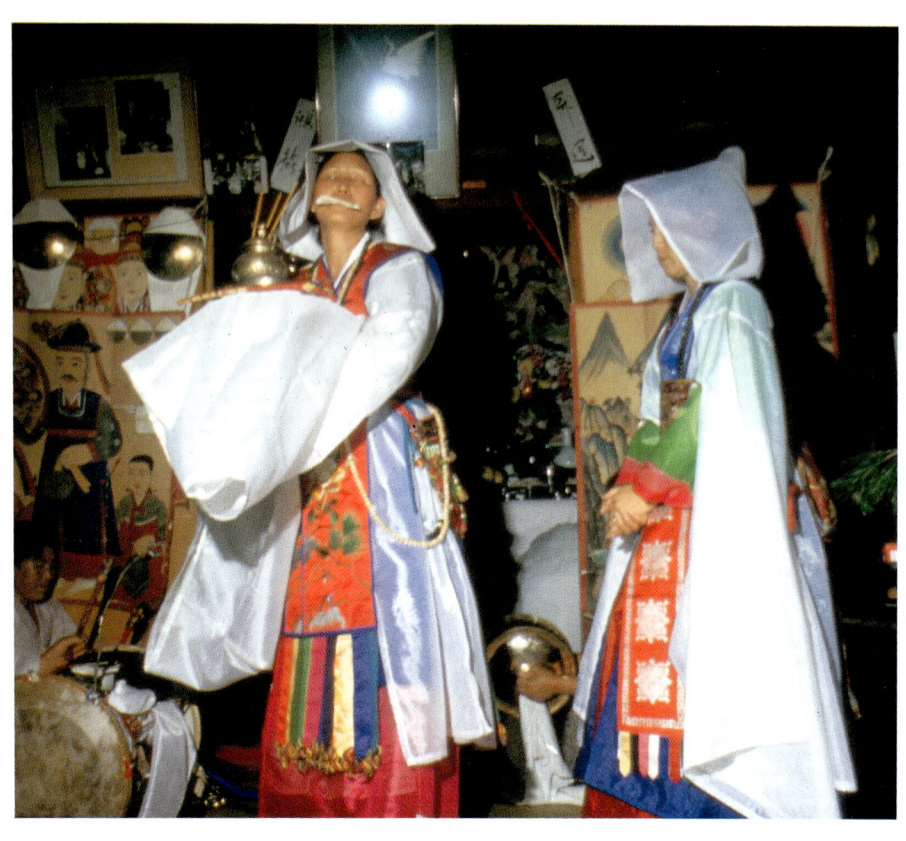

채희아의 신어머니 김금화가 복을 주는 제석신을 모시고 있다. 입에 하미(창호지를 삼각형으로 접은 것)를 물어 부정을 삼가고 정중하게 옥수를 받쳐 들고 느린 거상 장단에 춤을 춘다. 새로 태어날 무당의 앞날이 순탄하도록 빌어주지만 무당의 팔자를 생각하면 불쌍하기 그지없다.

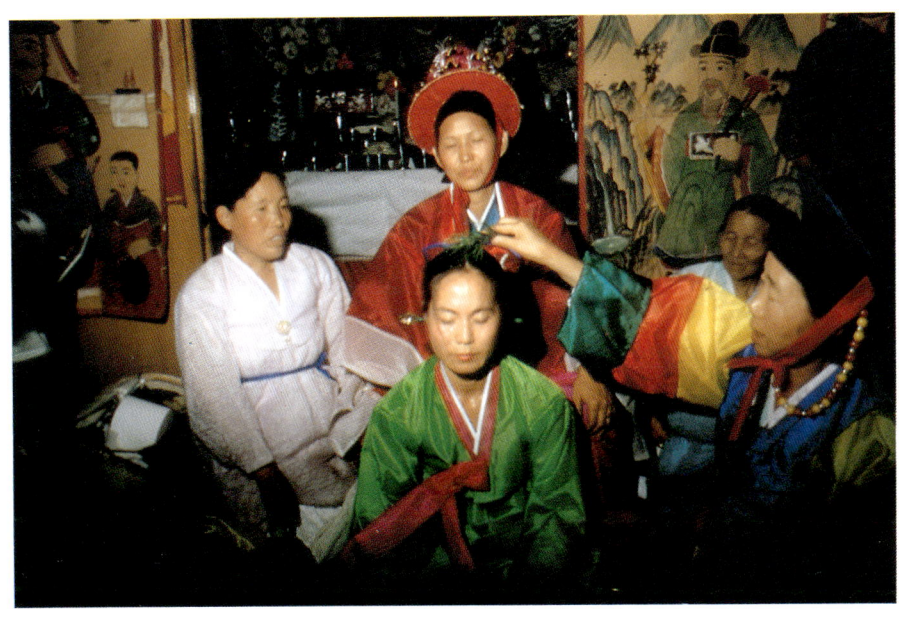

하루종일 굿을 한 결과 지금까지 채희아를 괴롭히던 잡귀는 물러갔다. 그녀는 더 이상
환자가 아니다. 무당이다. 시집간 여자가 땋았던 머리를 틀어 올려 당당한 성인이 되었
음을 알리듯이 무당으로 다시 태어난 것을 세상에 공포하기 위해 신어머니는 그녀의 머
리를 빗겨 쪽을 지어 준다.

"말문이 열렸다."
채희아는 신이 나서 춤추고 주위 사람들을 붙잡고 뭐라고 지껄이기도 한다. "지금까지 세상 풍파가 많았다. 그러나 앞으로는 잘 풀릴 것이다. 얼씨구." (왼쪽)
한달음에 껑충. 그녀는 파아란 작두날 위에 올라섰다. 만민을 구하는 무당이 되었지만 그것은 칼날을 딛고 서는 아픔의 시작일지도 모른다. (오른쪽)

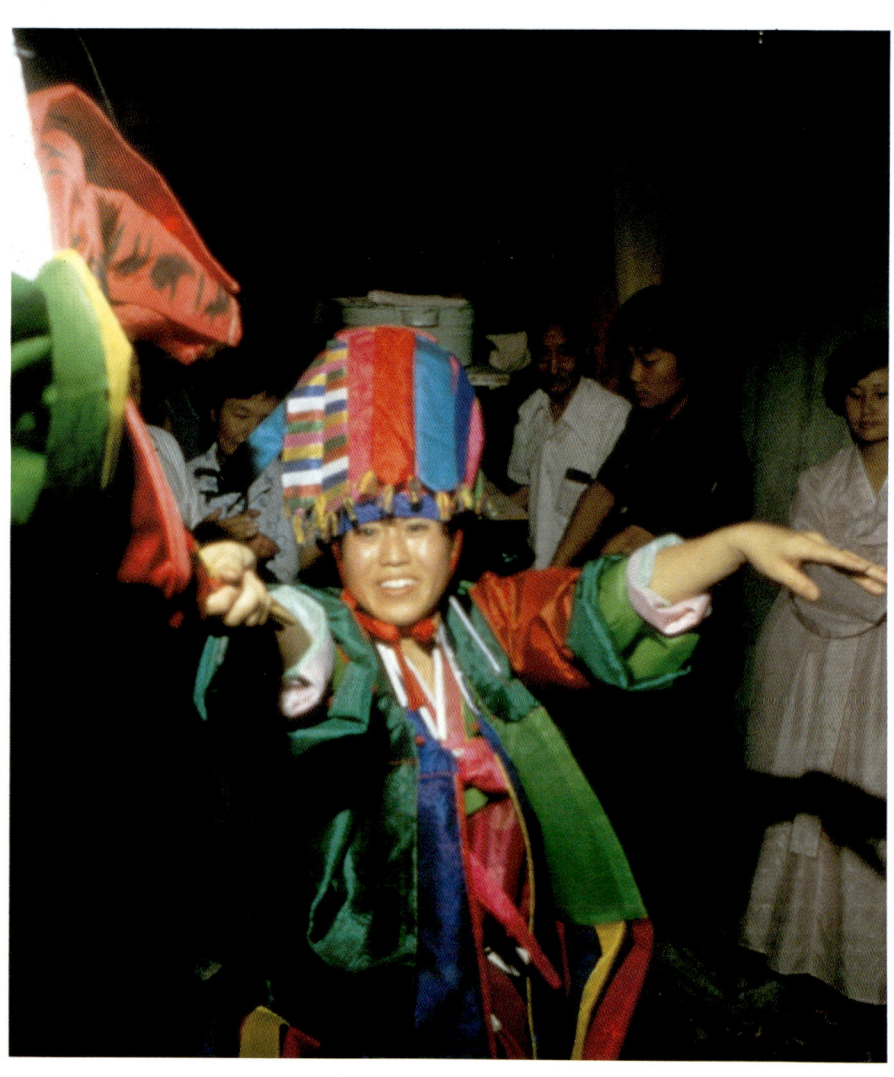

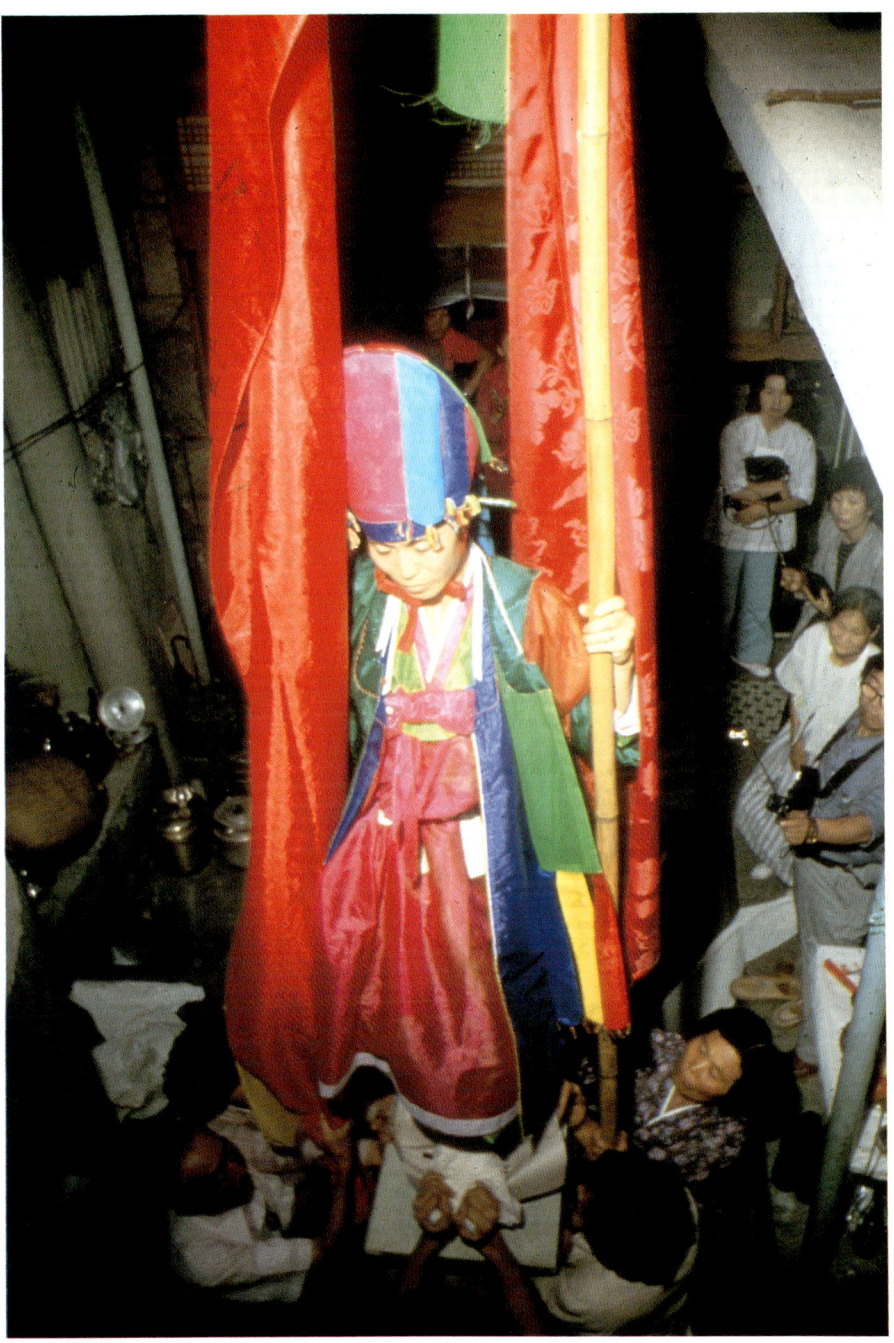

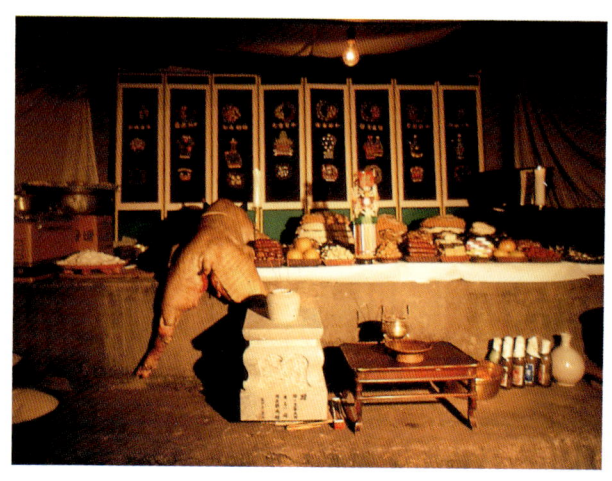

서울 당굿
●

답십리 도당굿은 서울이라는 거대한 대도시 속에서 행해진 마을굿이다. 십 년을 넘게 살아도 이웃의 얼굴을 모르고 지내온 도시에서 주민들의 추렴으로 마을 수호신을 모시는 굿을 하고 공동체의 단합을 꾀하는 일은 도시의 속성을 거부하는 행위라고도 할 수 있겠다. 그러나 스무 해 전만 해도 이곳은 모두 논이고 밭이었다. 서울이 비대해지면서 줄지어 도시로 편입되고 고층아파트와 아스팔트 문화로 바뀌었지만 아직 소박한 농민의 마음을 잃지 않은 토박이들이 벌인 마지막 잔치인 것이다.

정성스레 제물을 장만한다. 가장 중요한 제물은 흠집없는 새까만 수돼지이다. 신에게
바칠 신성한 돼지를 구하기 위해 주민 대표는 이틀을 꼬박 마장동 시장을 뒤졌다.(왼쪽)
깨끗한 동네를 만들기 위해 당주무당이 좌우수살멕이를 하고 있다. 동네로 들어오는
잡귀를 막는 것이다.(오른쪽)

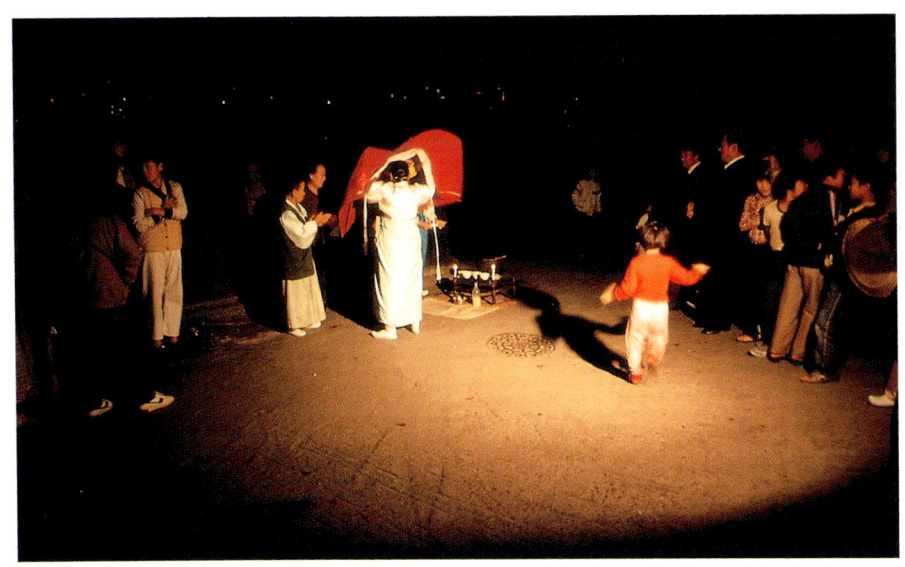

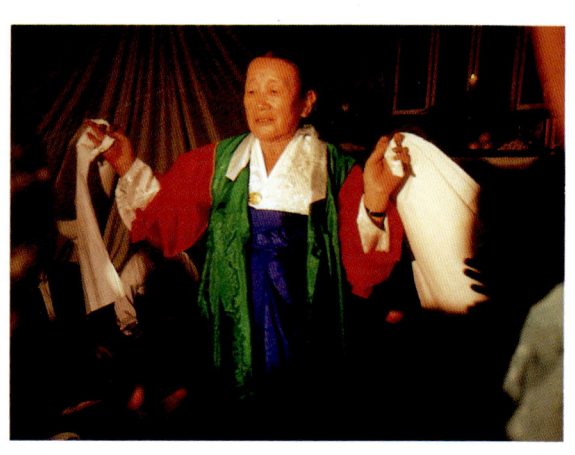

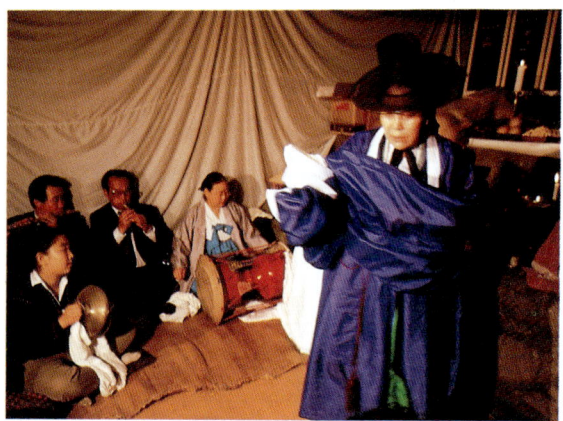

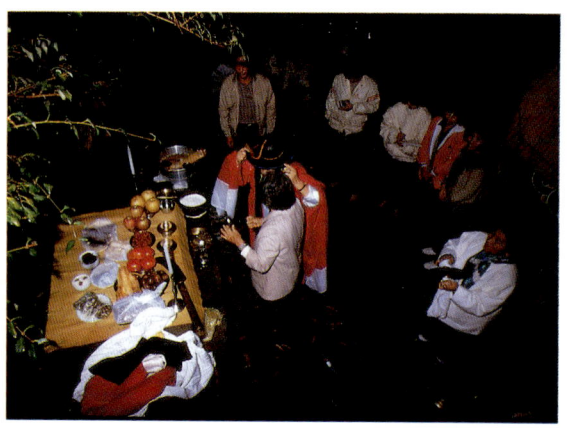

고랑산을 지켜 주던 본향신에게 소지 두 장으로 정성을 올린다. (왼쪽 위)
무당이 몇 번이고 갈아입고 덧입는 무복도 각각 신을 상징하고 있다. 무당이 수많은
대감신 중의 하나를 모시고 있다. (왼쪽 가운데)
욕심 많고 심술맞지만 듬뿍듬뿍 인심좋게 복을 가져다 주기도 하는 개비대감은 도깨
비신이라고 하는데 마을 아랫쪽의 소나무가 신체이다. 술과 고기를 대접하여 주민들이
복을 빌고 있다. (왼쪽 아래)
날이 밝았다. 그러나 잡귀를 물리는 뒷전을 허술하게 하면 굿덕을 못본다고 염려하는
신심 깊은 아주머니들은 무당 곁을 떠나지 않는다. (오른쪽)

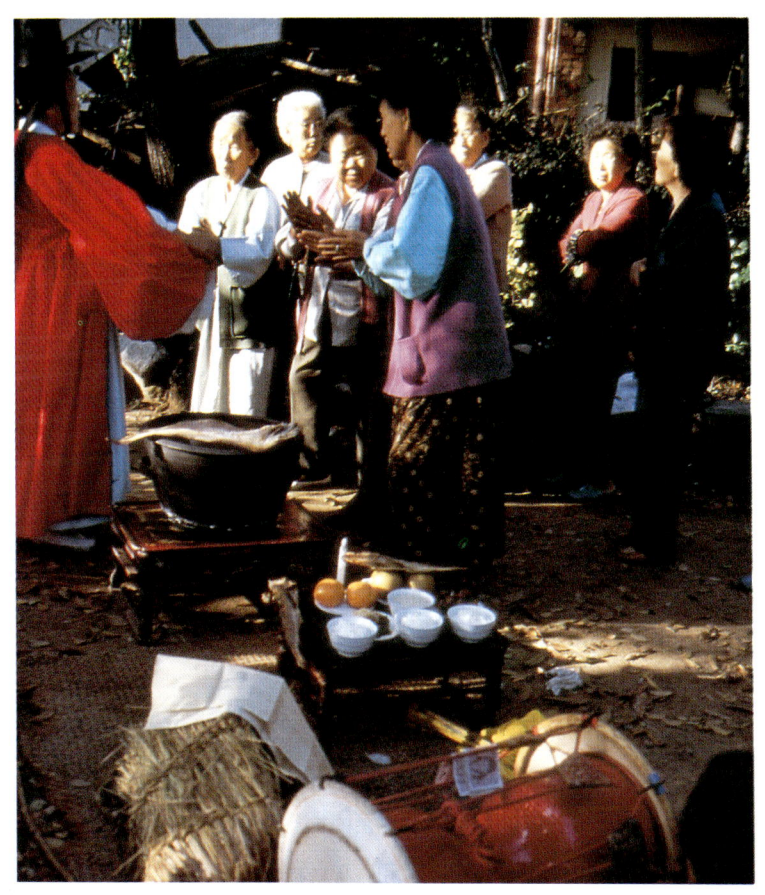

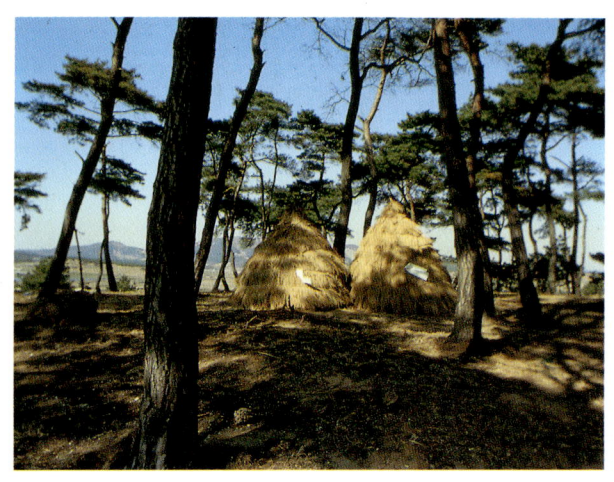

경기도 도당굿
●

동막은 가난한 서해안의 마을이다. 그러나 갯가에서 조개를 잡고 얼마 안 되는 농사를 지으며 사는 동막 사람들은 대대로 내려오는 도당굿에 큰 긍지를 가지고 있다. 이른 봄 도당굿을 할 때면 무당패는 물론 줄 광대가 줄을 타고 술장수, 밥장수, 떡장수 같은 온갖 장사치들이 이웃 마을까지 들썩하도록 놀았다. 도당 굿은 안으로는 공동체 의식을 다지고 밖으로는 마을의 단결심을 과시하는 기능을 가지고 있었다.

야트막한 언덕 중간쯤 서 있는 두 개의 당가리는 이 마을의 수호신인 도당할아버지와 도당할머니이다. 해마다 새롭게 볏짚을 갈지만 당가리 안에 무엇이 있는지는 아무도 모른다. (왼쪽)
돌돌이꾼들이 모여 동서남북 마을 네 귀퉁이에 세운 장승쪽으로 걸어간다. 부릅뜬 눈으로 마을 사방에 서 있는 장승의 힘을 빌어 돌돌이꾼들은 저마다 손에 든 깃대로 잡귀들을 몰아낼 참이다. (오른쪽)

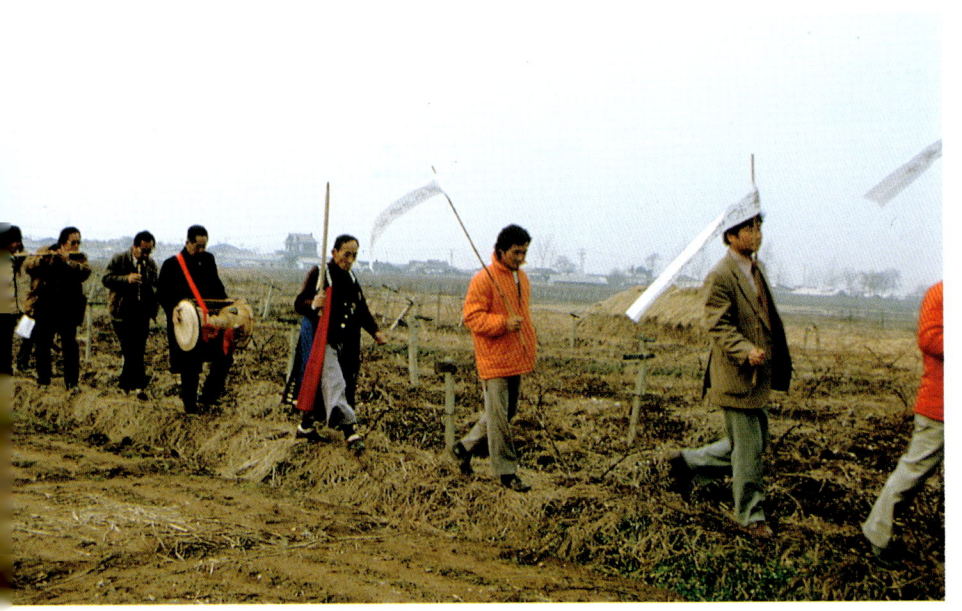

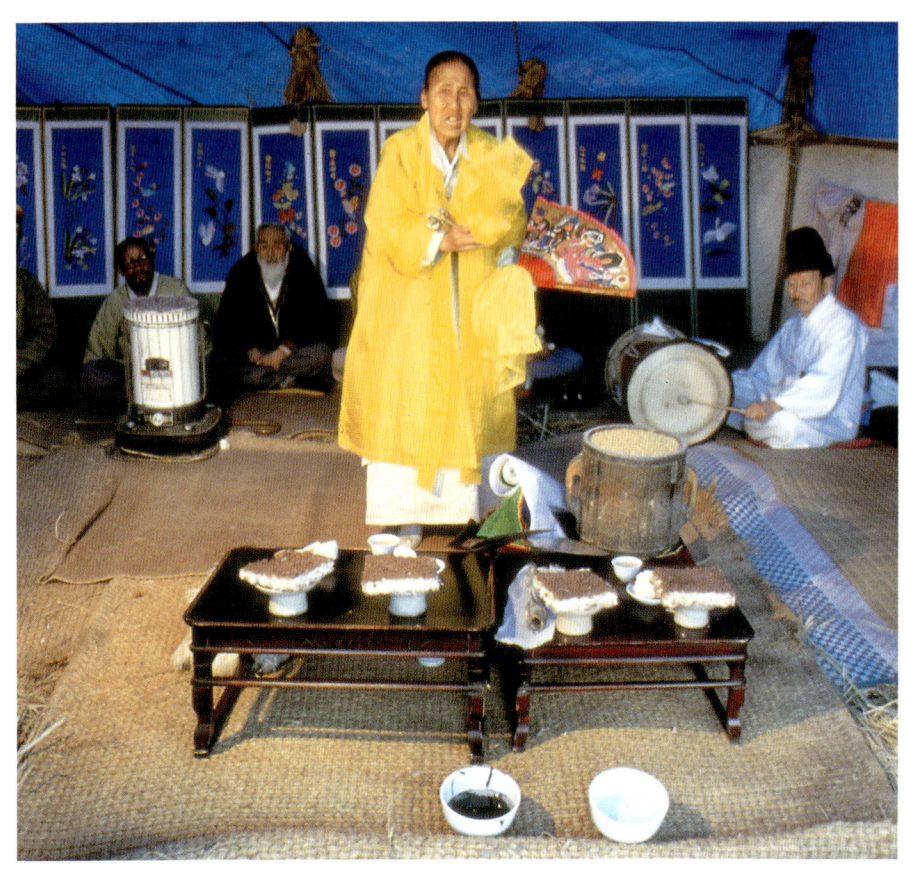

서간난은 동막의 당골무당 노릇을 쉰 해가 넘게 해왔다. "천지조종은 곤룡신이요 수지조종은 황하수라." 바람맞은 몸에 이도 빠졌지만 큰무당의 풍모를 잃지 않았다. (왼쪽) 가장 궁금한 것은 신이 굿을 잘 받으셨는가 하는 것이다. 삼지창에 소머리를 끼워 거꾸로 세워 본다. 손으로 대를 탁탁 쳐도 쓰러지지 않으면 신이 반가이 굿을 받으신 것으로 믿는다. (오른쪽)

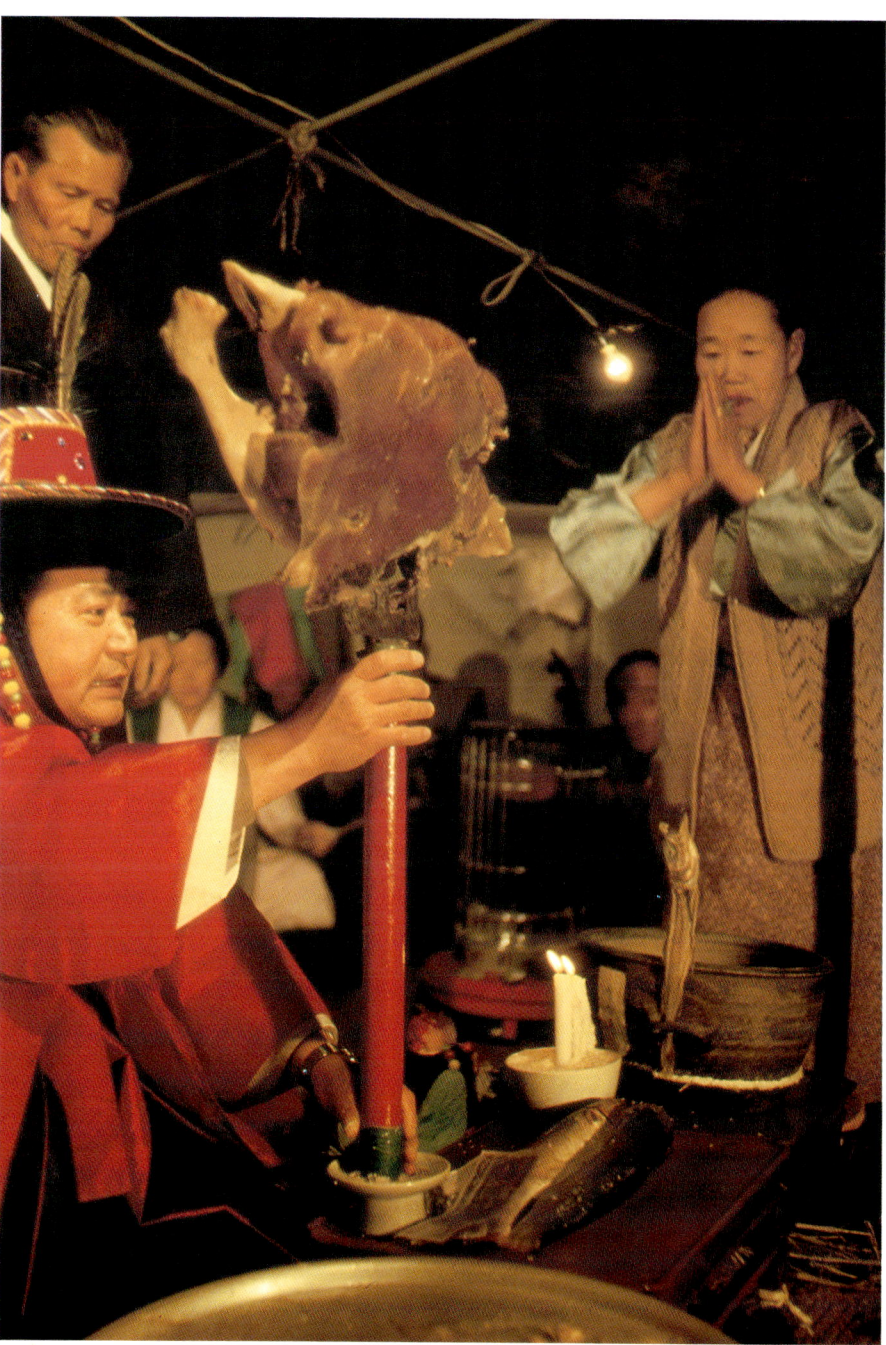

제석굿을 하는 무녀.
밤새도록 굿판을 지키는 동네 노인들은 바로 동막도당굿을 지키는 정신적인 지주이기도
하다. (왼쪽)
허수아비 정업이는 온갖 액을 품고 있는 존재이다. 도당굿은 정업이를 태워 버리는 것
으로 끝난다. 이제 마을은 깨끗하다. 올 한 해 동안은 온 동네가 무병하고 풍년이 들 것
이다. (오른쪽)

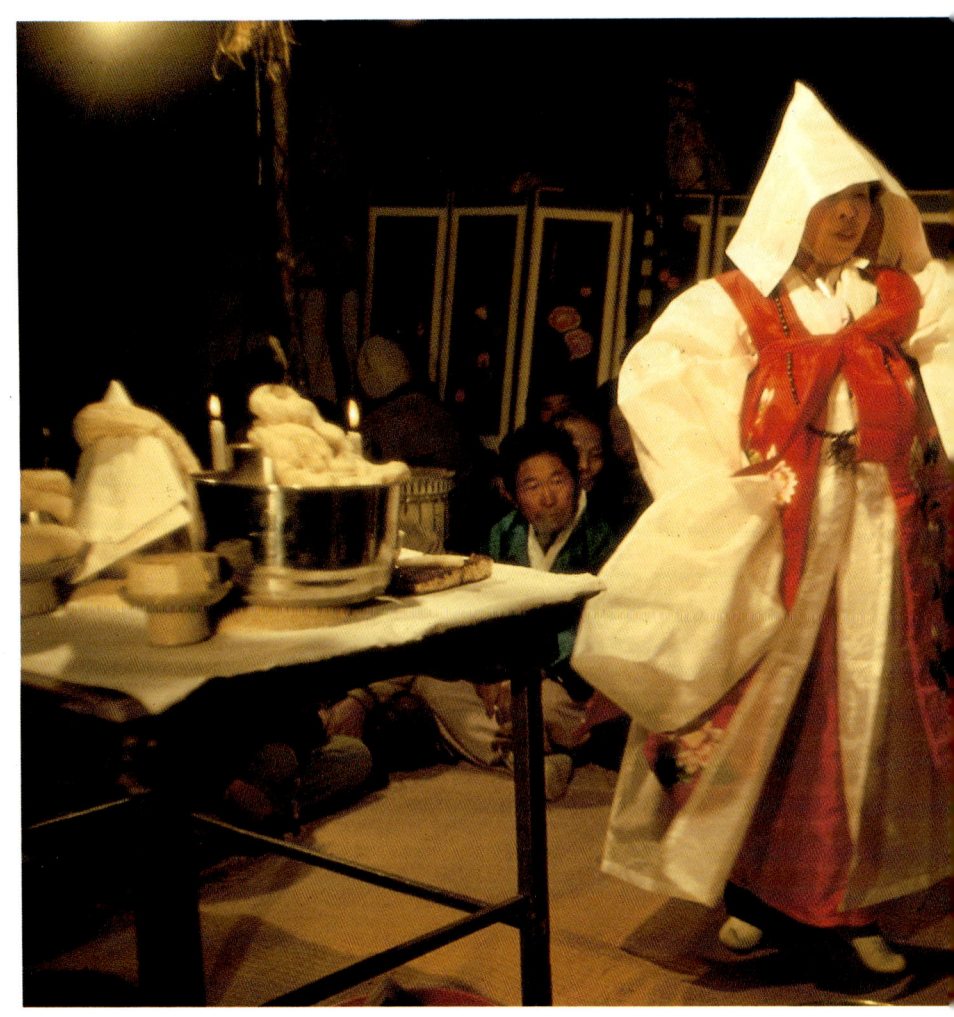

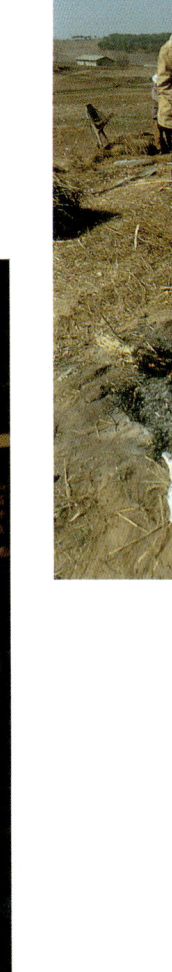

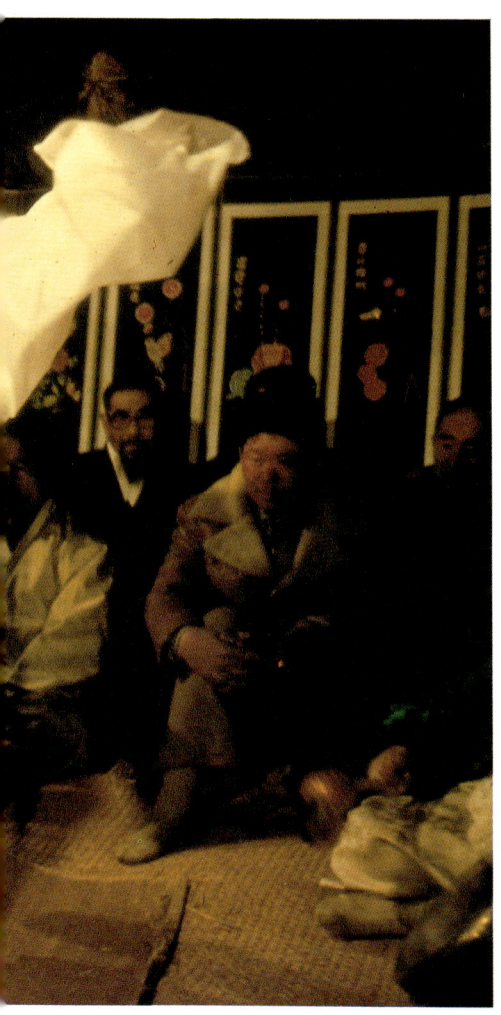

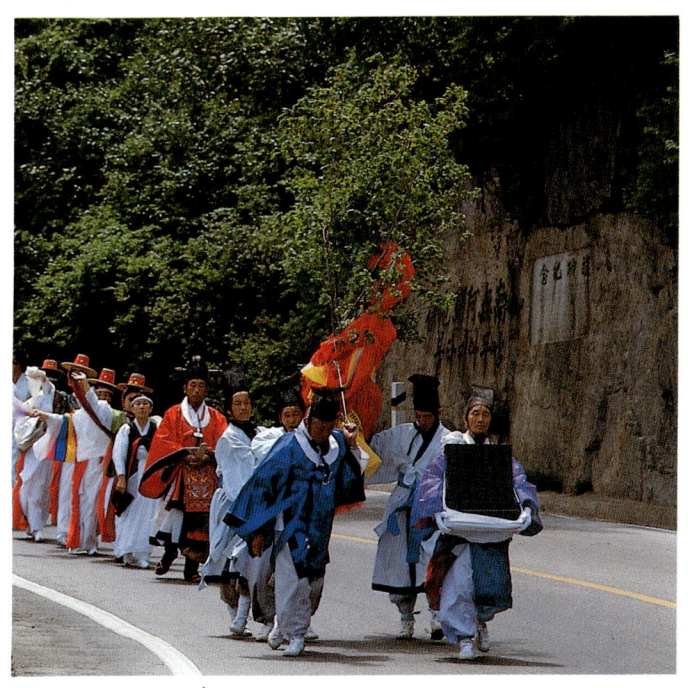

강릉 단오굿
●
강릉 단오굿은 옛날부터 관민이 하나가 되어 행한 축제의 성격이 짙은 마을굿이다. 아홉 구비를 돌아 올라가는 대관령의 산신을 모시는 강릉 단오굿은 강릉 사람만이 아니라 영동 지방의 강원도 주민 모두의 축제로서 오늘까지도 활발하게 전승되고 있다.

대관령 꼭대기에 계신 국사서낭님을 모시고 강릉으로 내려오는 제관과 무당들. 단풍나무 신목은 범일국사서낭의 신체로서 굿하는 동안 내내 굿당에 모신다. (왼쪽)
강릉 시내 남대천에 모셔진 굿당. 굿은 아침 9시부터 저녁 7시까지 닷새 동안 계속되는데 처음 30분 동안 유교식으로 제사를 모신다.(오른쪽)

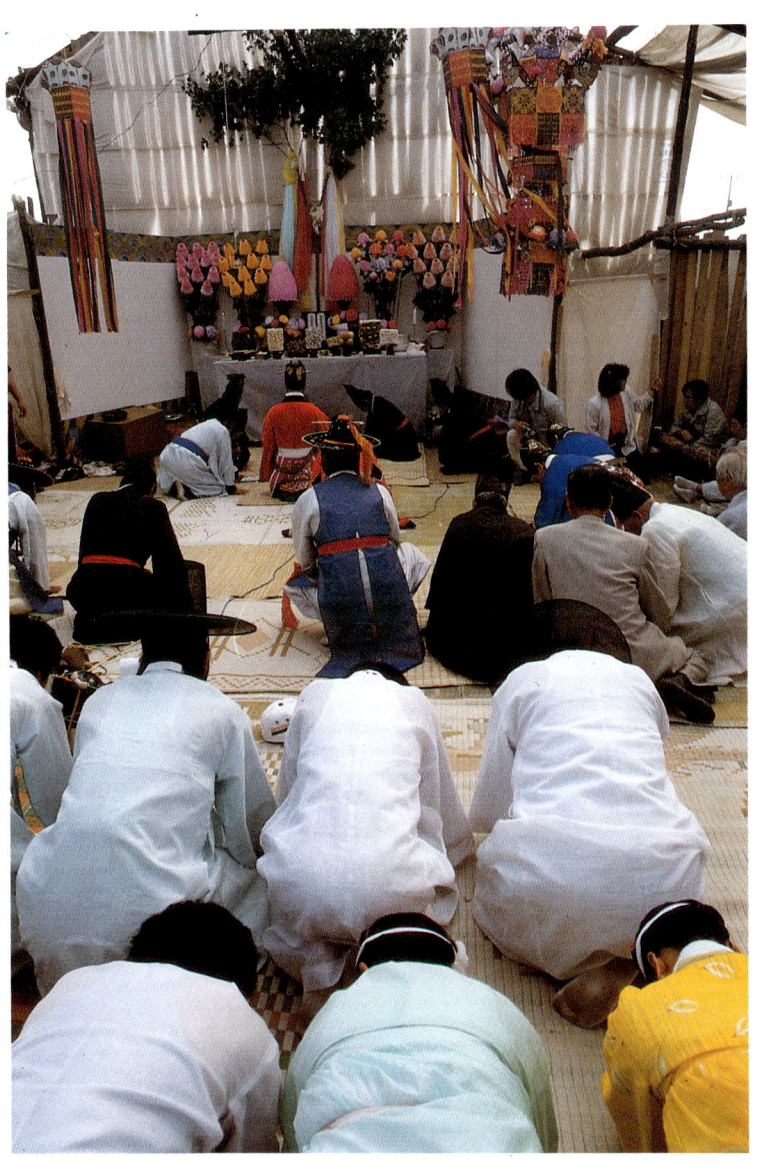

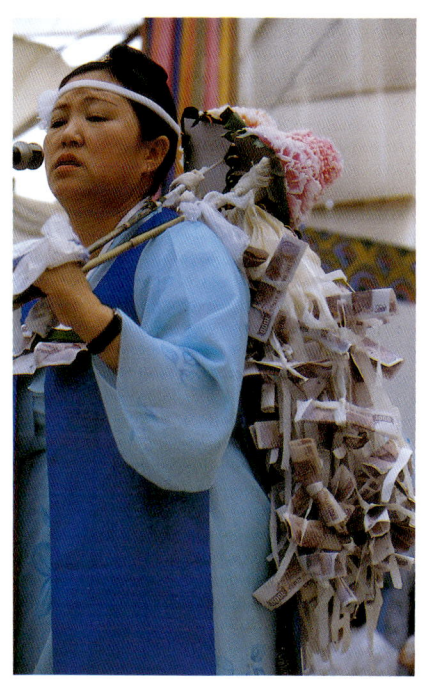

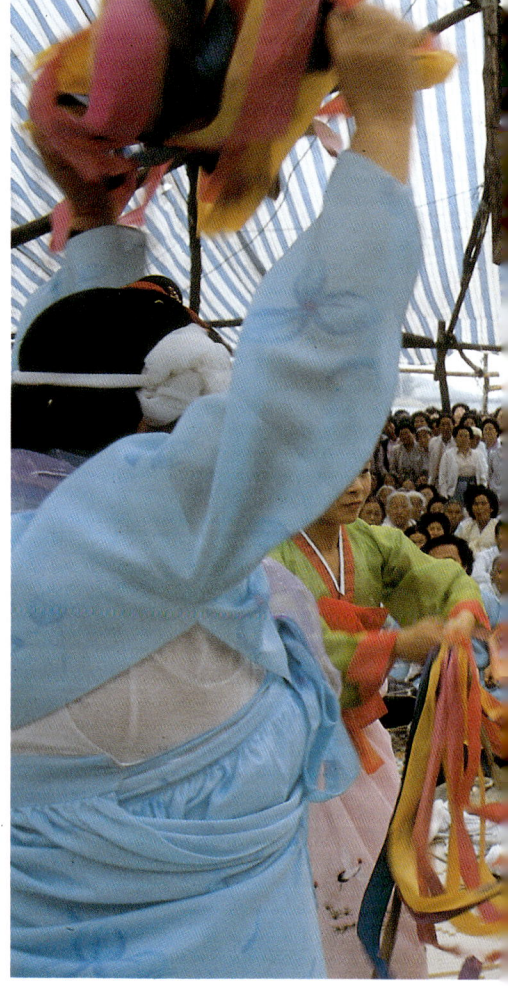

하늘이 낸 효녀 심청굿을 하고 있다. 어부들은 심청굿을 잘 해야 눈이 밝아지고 눈병이
나지 않는다고 믿는다. (왼쪽)
신을 기쁘게 하기 위해 꽃노래를 부르며 춤추는 무녀들. 굿판에 모여든 할머니들이 더
좋아한다. (오른쪽)

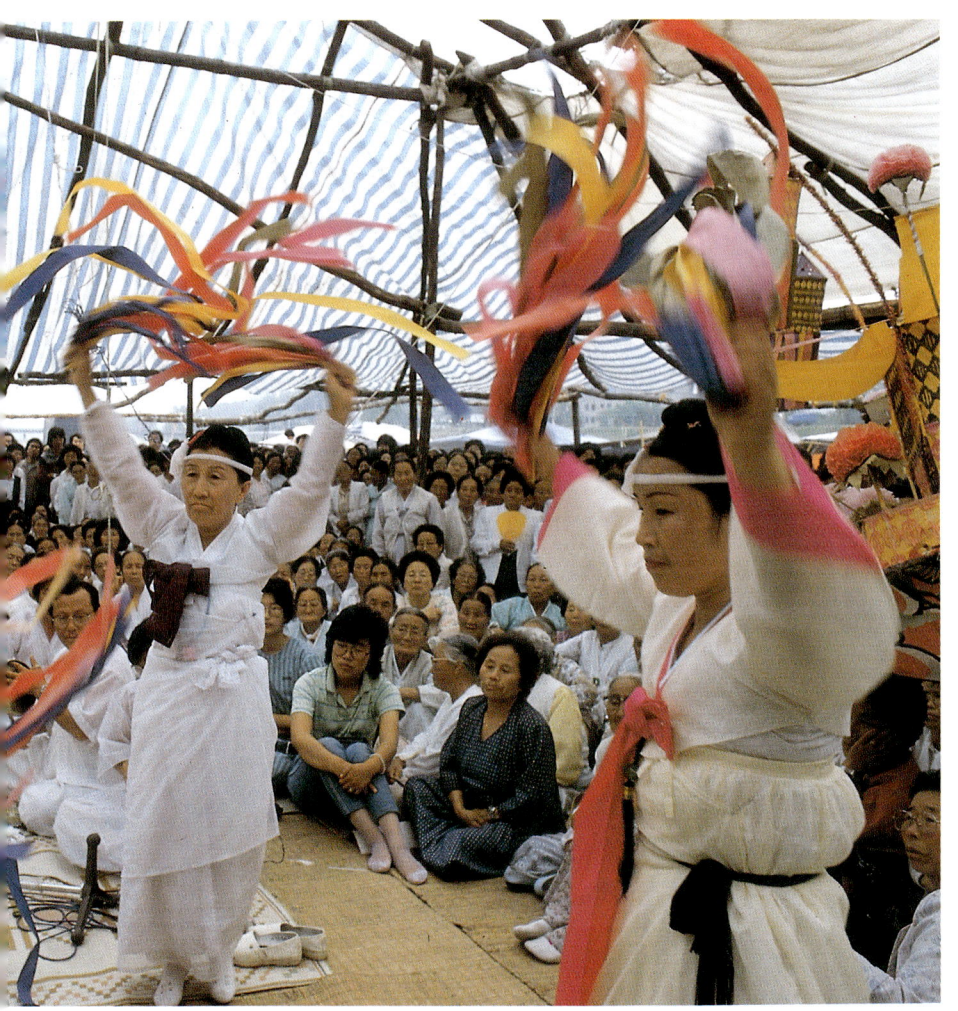

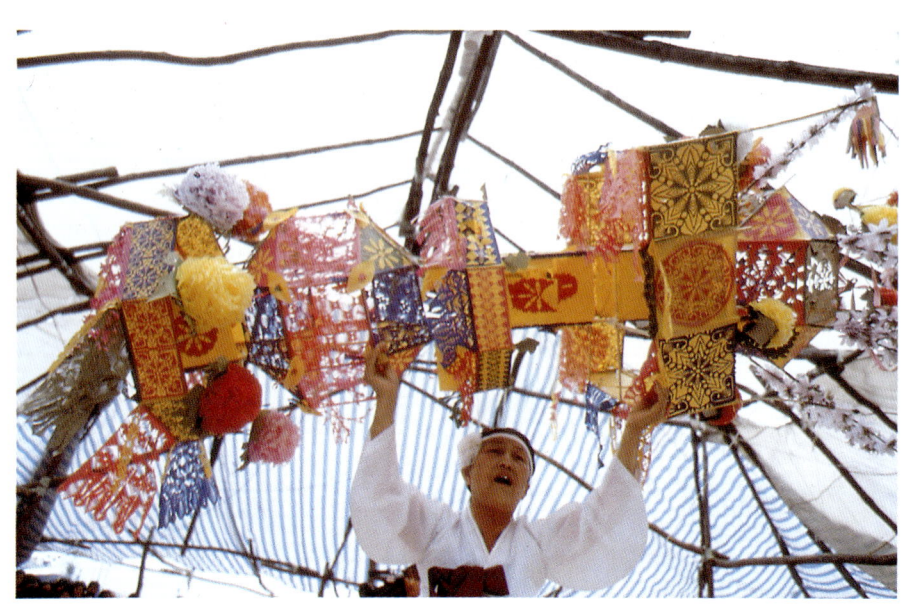

인간문화재 후보 신석남이 등노래를 부르며 춤추고 있다.

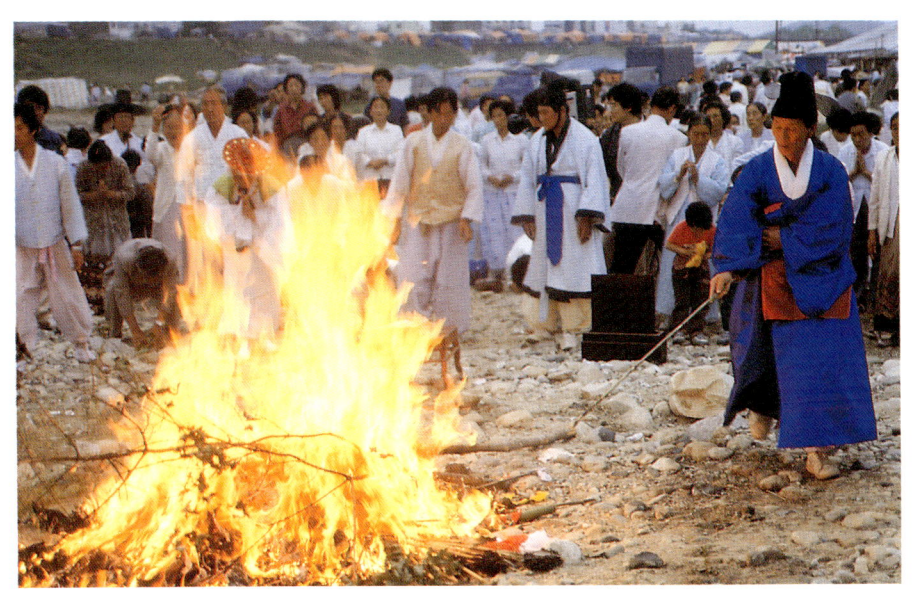

닷새에 걸친 굿이 끝나면 모든 것을 태워 버린다. 신은 하늘로 올라갔지만 땅에 속한 인
간들이 국사서낭님께 들인 정성은 헛되지 않을 것이다.

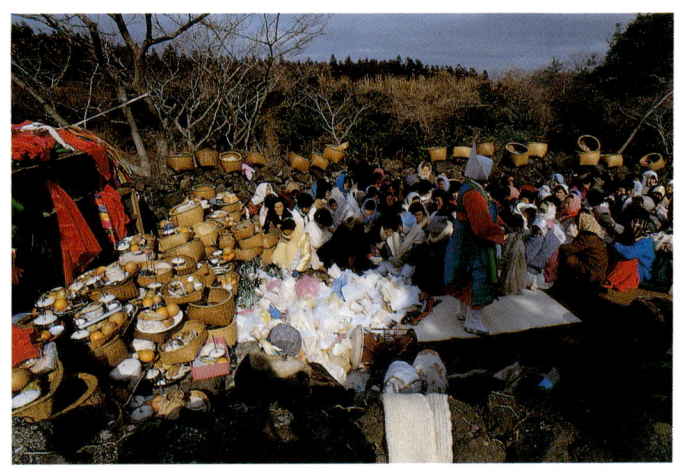

송당굿

●

송당은 제주에서 가장 역사 깊은 당의 하나이다. 송당에서 갈라져 나온 당들이 도 전체에 흩어져 있으니 그 조종인 송당의 위엄은 클 수밖에 없을 것이다. 신과세굿은 정월 초 마을 주민들의 인과태평을 빌기 위해 행하는 당굿이다.

송당을 모시는 집에서 각자 차려온 제물로 굿당이 넘쳐난다. (왼쪽)
댓가지에 지전 감은 감상기 두 개를 들고 신의 강림을 비는 심방. (오른쪽)

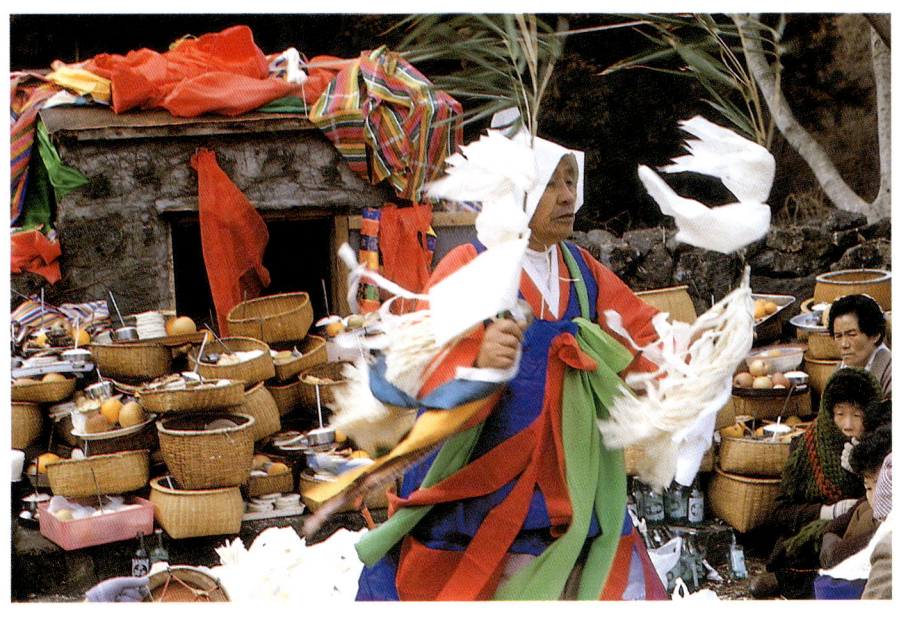

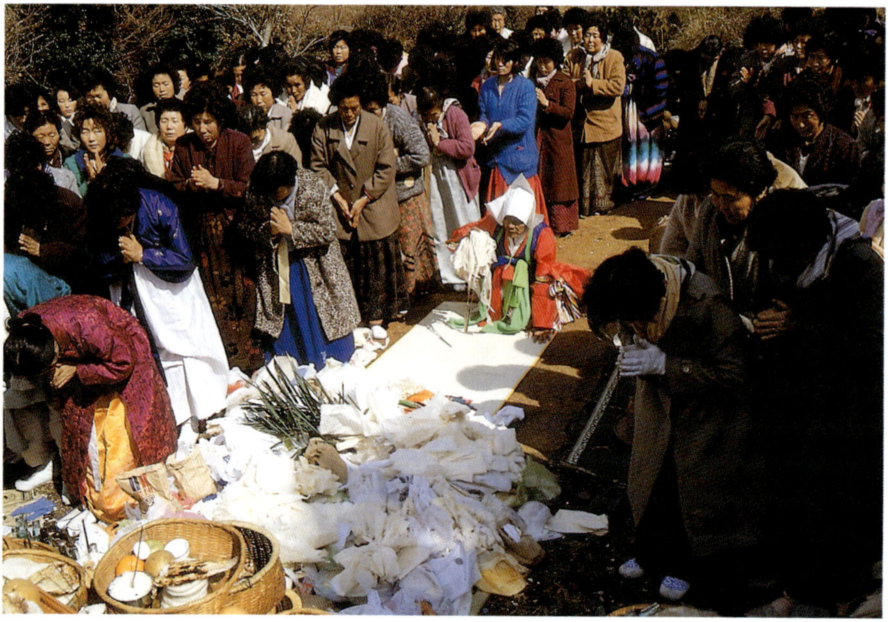

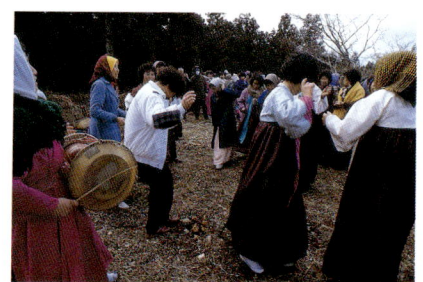

"열려 열려 열려맞자." 신칼 두 개를 던져 본향산이 오셨는지 점치는 심방. (위)
신이 오셨으니 얼마나 기쁜가. 군웅만판 한판의 춤으로 기쁨을 표시하는 주민들. (아래)

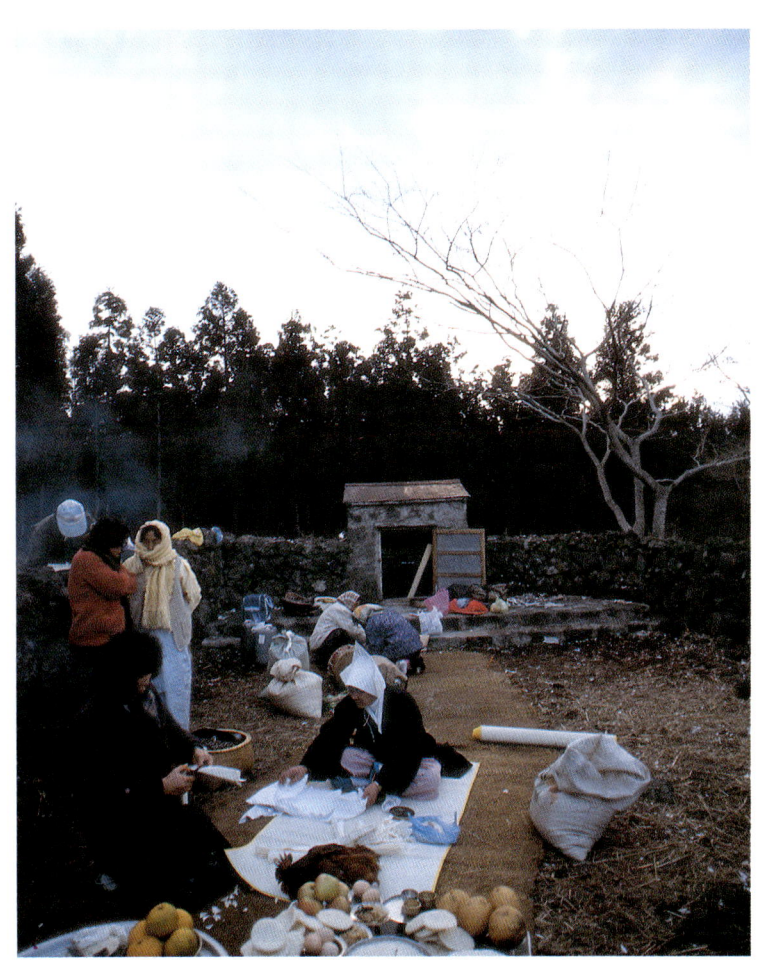

굿이 끝날 무렵 걱정있는 아낙들이 모여 심방에게 일 년 신수를 묻는다. 돈 천 원만 내면
여섯 식구 올해 운수를 답하는 것은 물론 액을 피할 비방까지 얻을 수 있다.

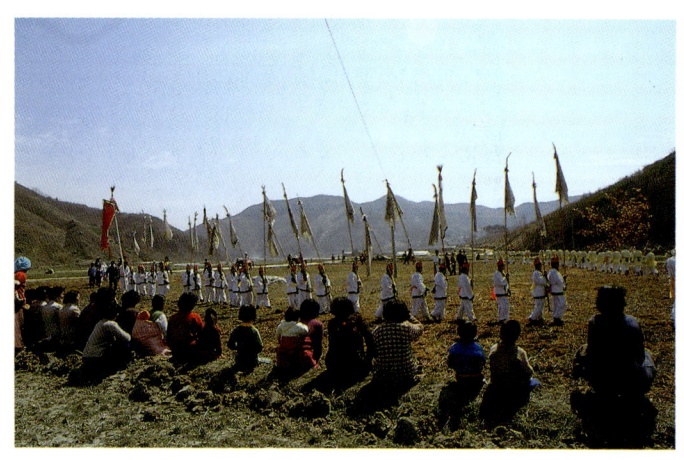

은산 별신굿
●

옛날 사람들은 질병과 건강은 하늘이 주는 것, 곧 신에 의해 주어지는 것이라고 믿었기 때문에 신을 섬겼고 그 방법으로 굿을 하게 되었다. 은산 별신굿은 질병으로부터 마을 사람들의 생명을 보호하는 민간 신앙에서 출발했다고 할 수 있다. 3년마다 음력 정월이나 2월에 벌어진다.

별신제는 진대베기에서 본격적으로 시작된다. 진대는 신목을 상징하는 참나무 네 개로 별신제가 끝난 뒤에 장승과 함께 동네 사방에 세워진다. 진대를 베어 돌아오는 임원, 농악대, 악공, 무당, 마을 유지 들의 행군을 주민들이 보고 있다. (왼쪽)
제삿날, 화주집에 보관해 두었던 구등, 화등, 제물을 상당으로 옮기고 있다. (오른쪽)

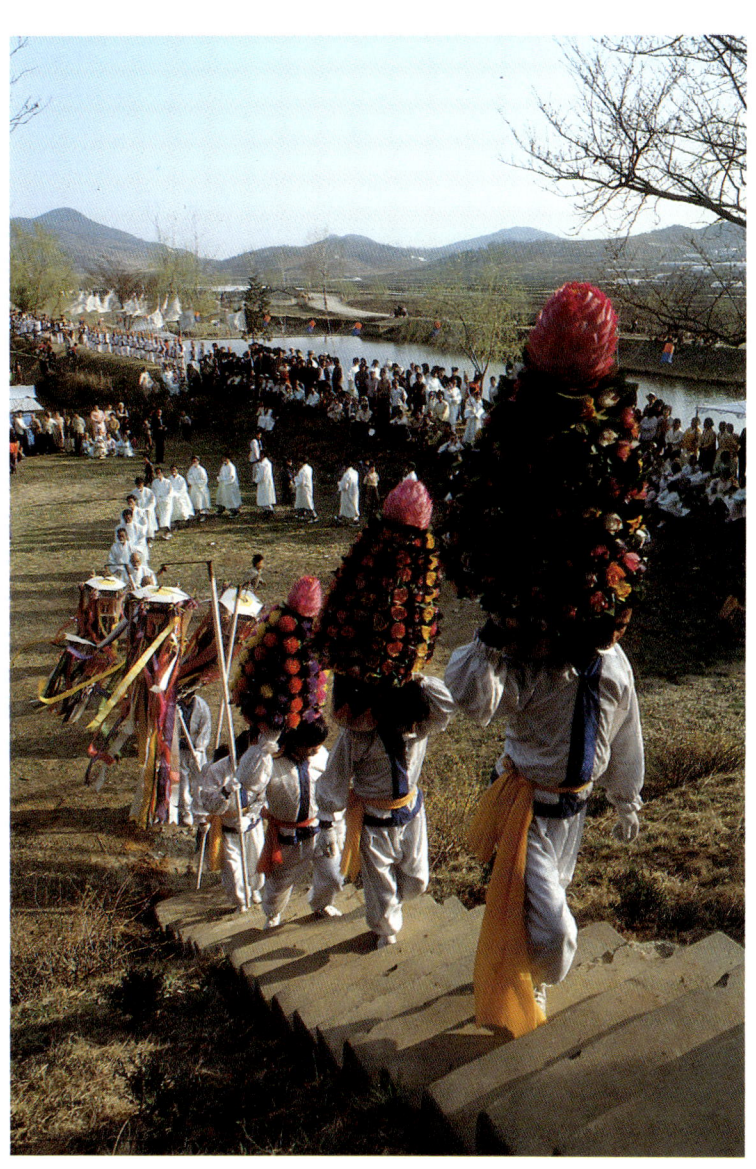

제물을 공손히 받쳐 들고 상당으로 가고 있다. 말을 하면 침이 튀어 제물에 묻게 되고 또 부정을 탈 수도 있기 때문에 미리 예방하기 위해 입에 한지 조각을 문다. (위)
상당굿에서 신의 하강을 빌고 있다. 말에 쌀을 가득 담고 그 안에 기를 세운다. 기 꼭대기 꿩깃에 방울을 매달아 놓고 힘센 사람이 기를 잡고 있는데 신이 내려오면 방울이 울리고 깃발이 흔들린다. (아래)

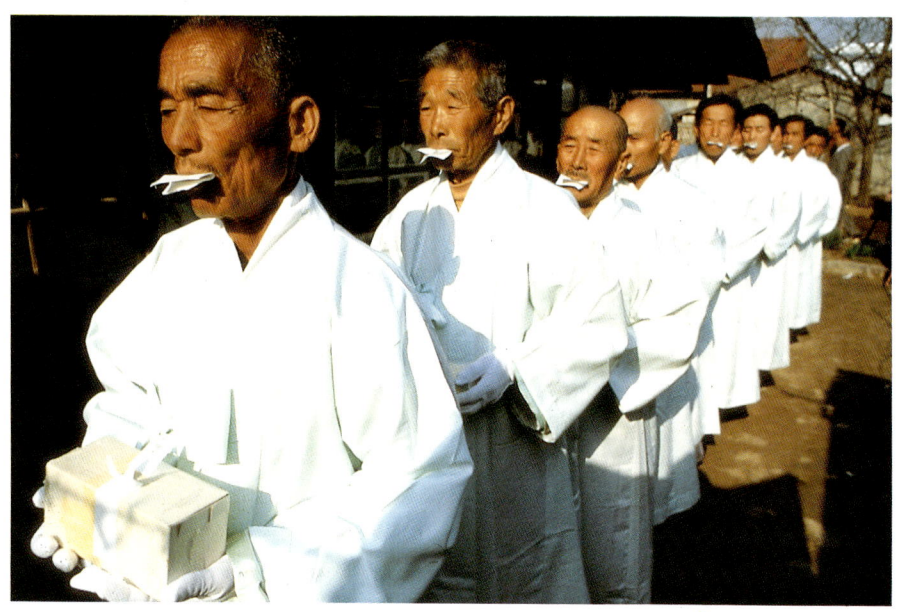

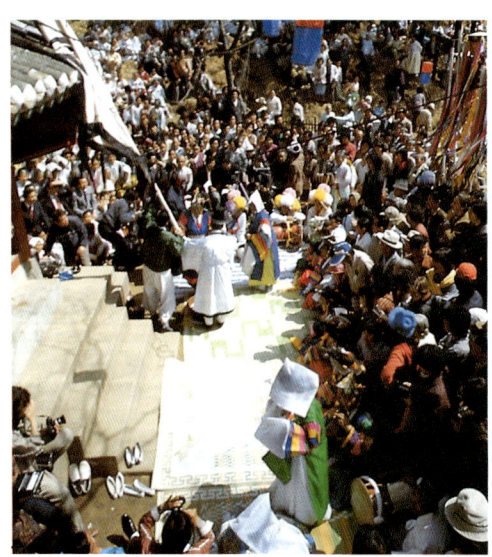

34

별신 상당굿을 한 다음날에는 '별신 내리는 날'이라고 해서 하당굿을 한다. 임원, 무당, 농악대 들의 일행이 별신당에서 마을 한복판의 시장 안에 있는 오래된 괴목 밑으로 내려가 굿을 벌인다. (위)
괴목 근처에 임원 일동이 자리를 펴고 앉고 한편에서 무당이 굿을 한다. 사람들은 하당굿을 잘 해야 시장이 번성하고 재물이 는다고 믿고 있다. (아래)

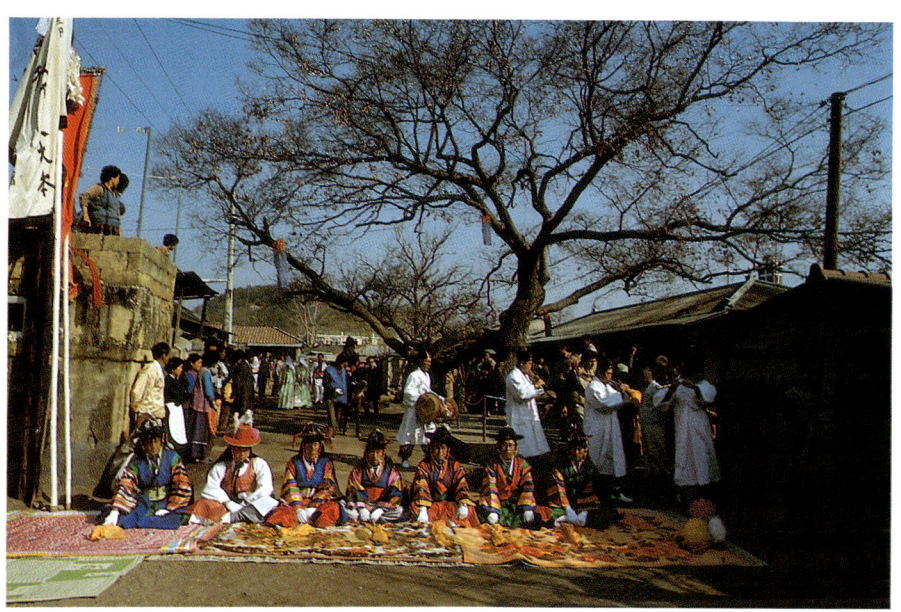

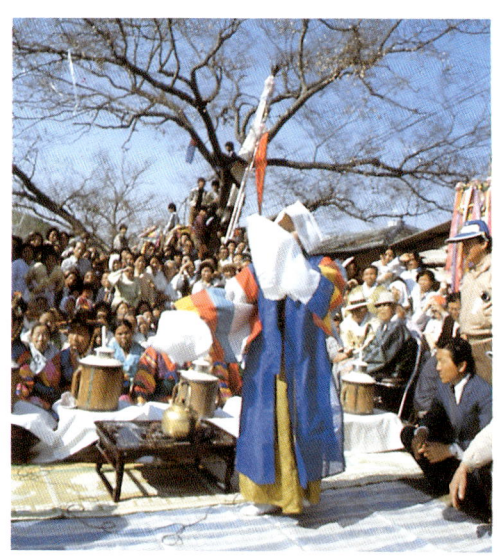

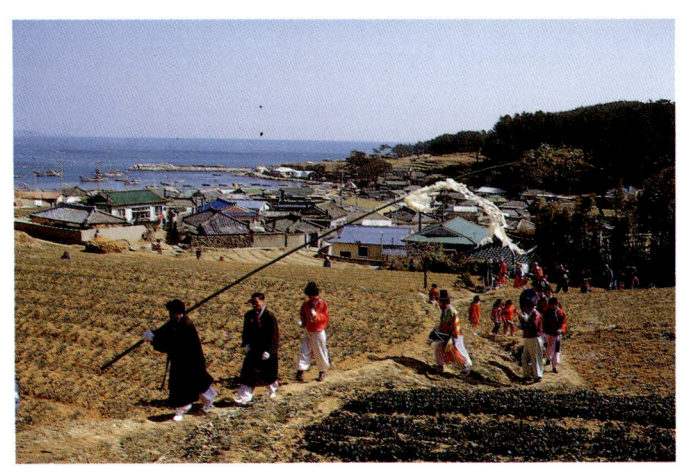

동해안 별신굿
●
부산에서 강원도 고성에 이르는 동해안 지역 어민들의 풍어를 비는 부락제겸 풍어제이다. 해마다 또는 몇 해마다 마을의 풍어를 비는 별신굿은 동해안에서 벌어지는 축제 가운데에서 가장 크다.

경남 일광면 학리의 별신굿이다. 골매기 서낭대를 앞세우고 할아버지 당으로 당맞이굿을 하러 가고 있다. (왼쪽)
마을의 시조인 골매기할아버지를 모시기 위해 춤을 추며 당맞이굿을 하고 있다. (오른쪽)

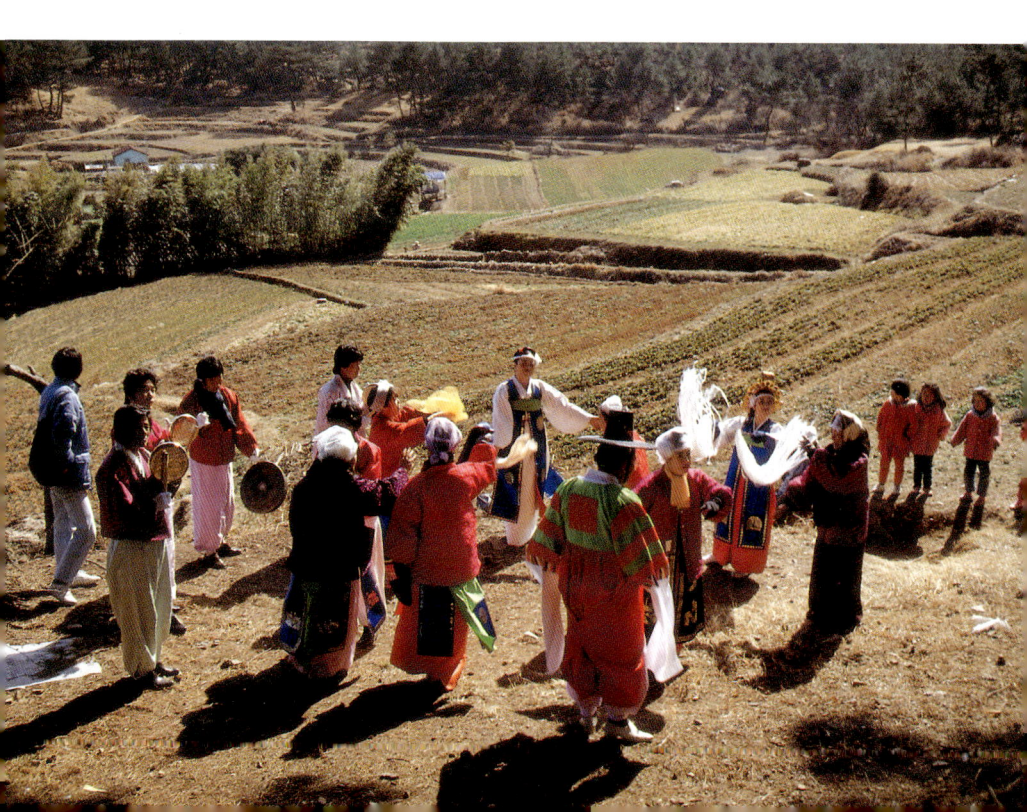

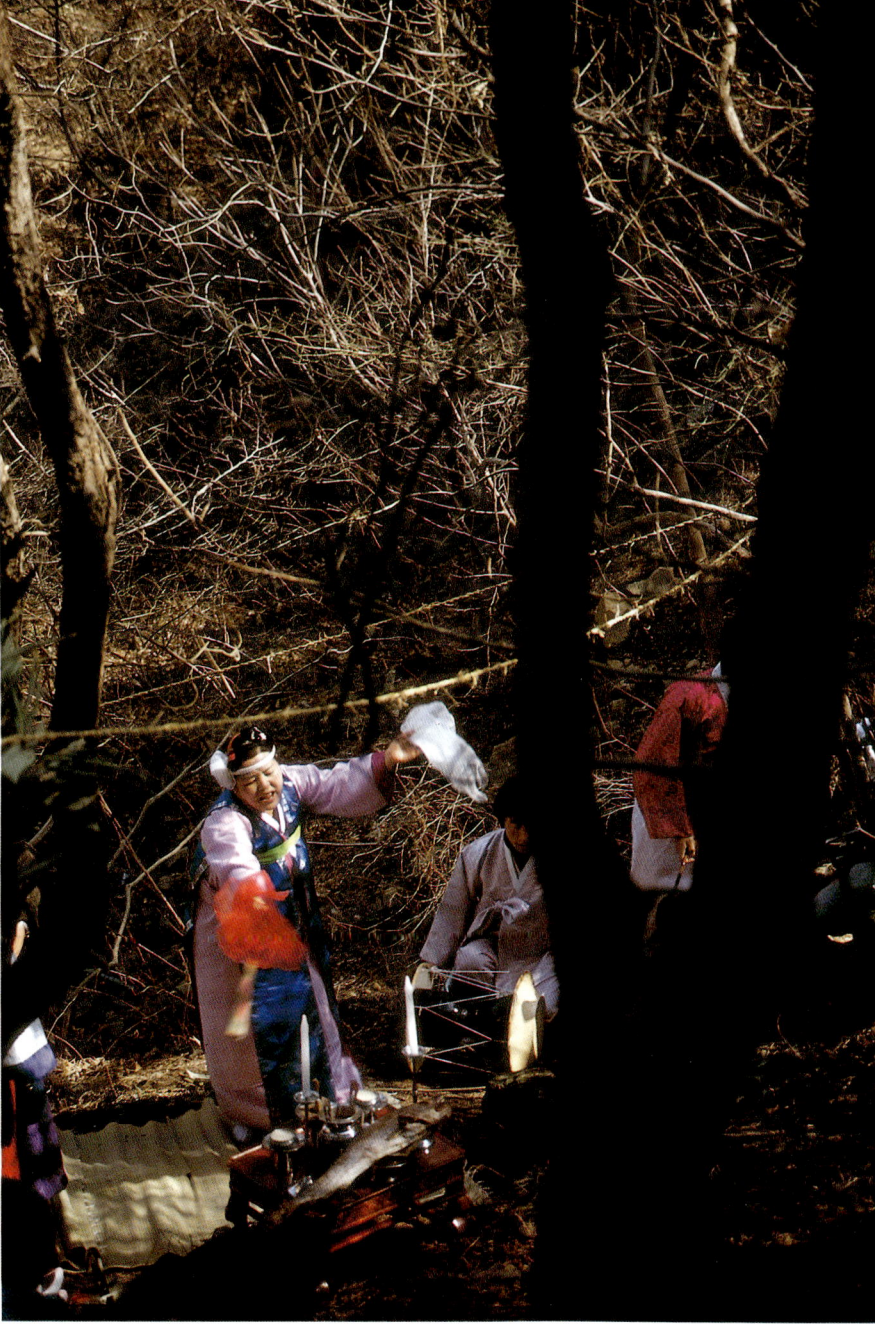

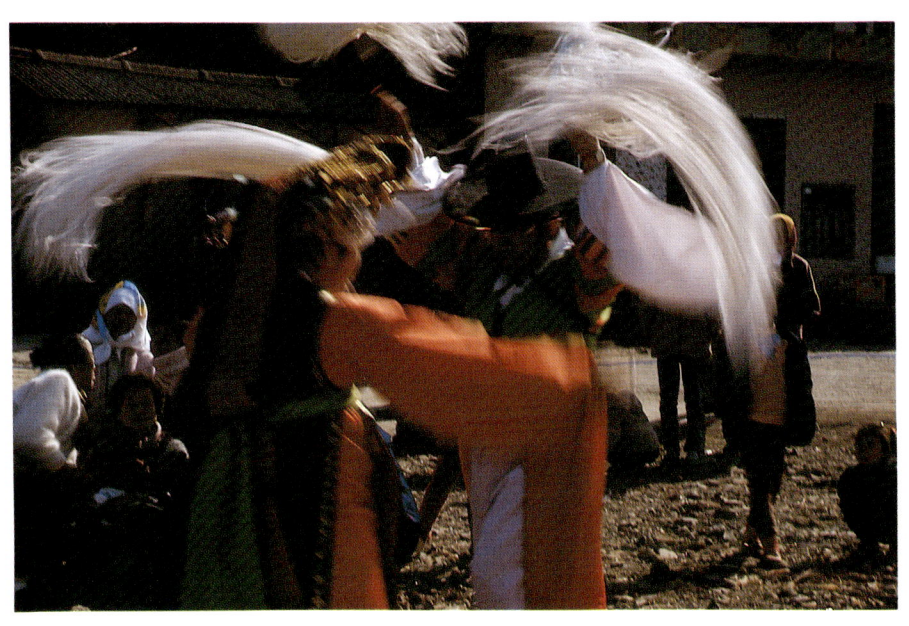

학리에는 당이 대여섯 개 있다. 골매기신들을 굿하는 곳으로 모셔오기 위해 무당들이 돌
아다니며 당맞이굿을 한다. (왼쪽)
지전춤이다. 동해안 지역의 지전춤은 활발하고 격렬하다. (오른쪽)

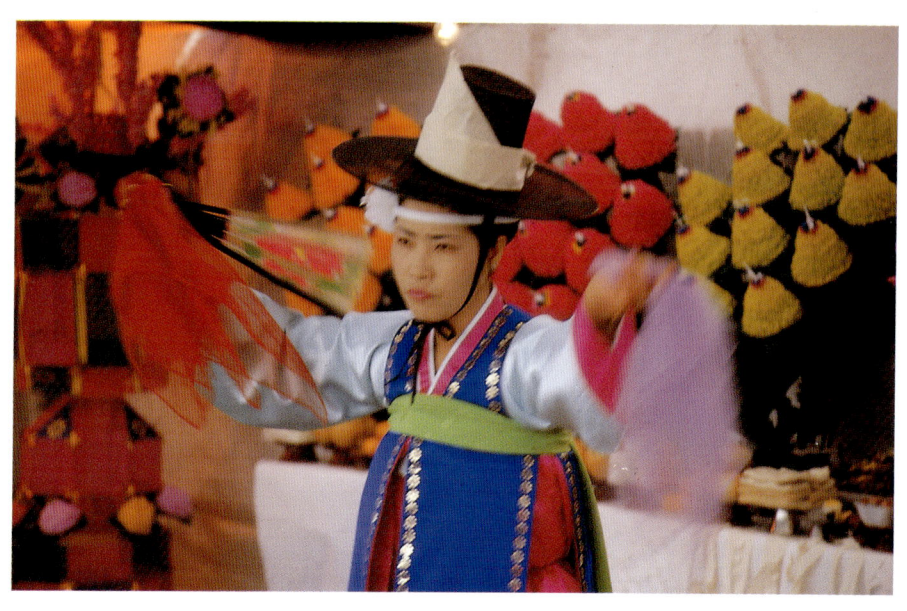

골매기할아버지를 굿하는 장소에 모셔다가 굿을 한다. 동해안의 별신굿은 대체로 넓은 공터에 천막을 치고 굿당을 만든다. 굿당 안에는 종이로 꽃을 만들어 제단을 만들고 젯 상을 차린다.

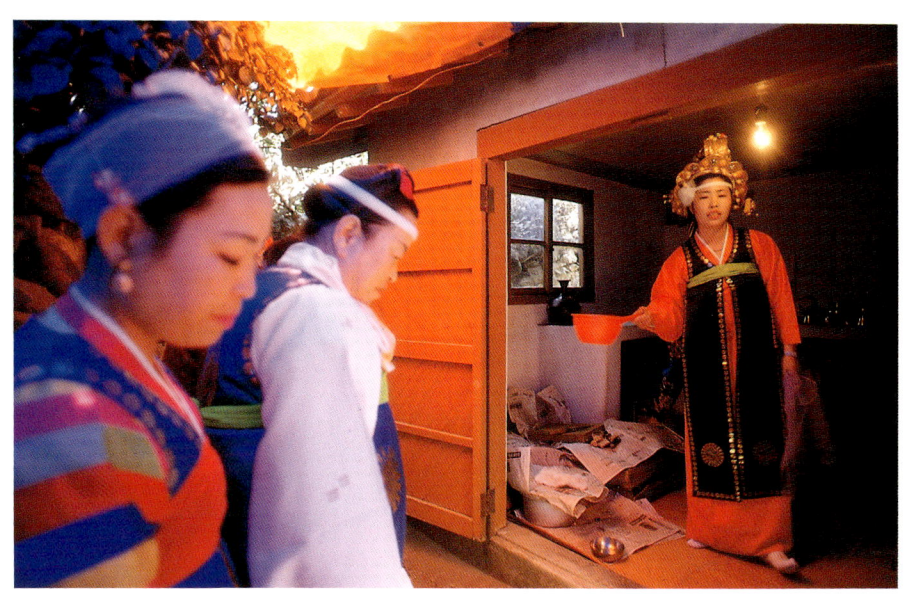

맨마지막으로 할머니 당에서 할머니를 모시기 위해 굿을 하고 있다.

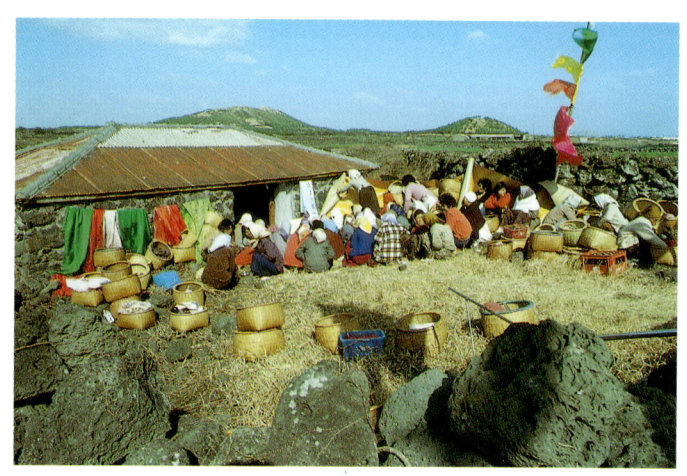

제주 신양 영등굿
●

영등할머니는 바람신이다. 음력 2월 초에 내려와서 보름에 하늘로 올라가는 영등할머니는 전국적으로 제사를 받고 있지만 바람이 세기로 유명한 제주 잠녀(해녀)들의 대접이 가장 극진할 것이다. 맨몸으로 거친 바다 물결과 싸우는 잠녀들이 소라와 고동 하영(많이) 열게 해달라고 영등할망께 간절히 비는 이 날은 삶의 고단함을 잠시 잊고 여자들끼리 모여 노는 잔칫날이기도 하다.

이른 아침부터 구덕에 각자 제물을 차려온 잠녀들은 널찍한 굿당 마당에 자리잡고 앉
는다. 아직 영등할망의 심술이 가라앉지 않은 제주의 바람이 차다. (왼쪽)
영등할망 오시는 길을 치우는 심방. (오른쪽)

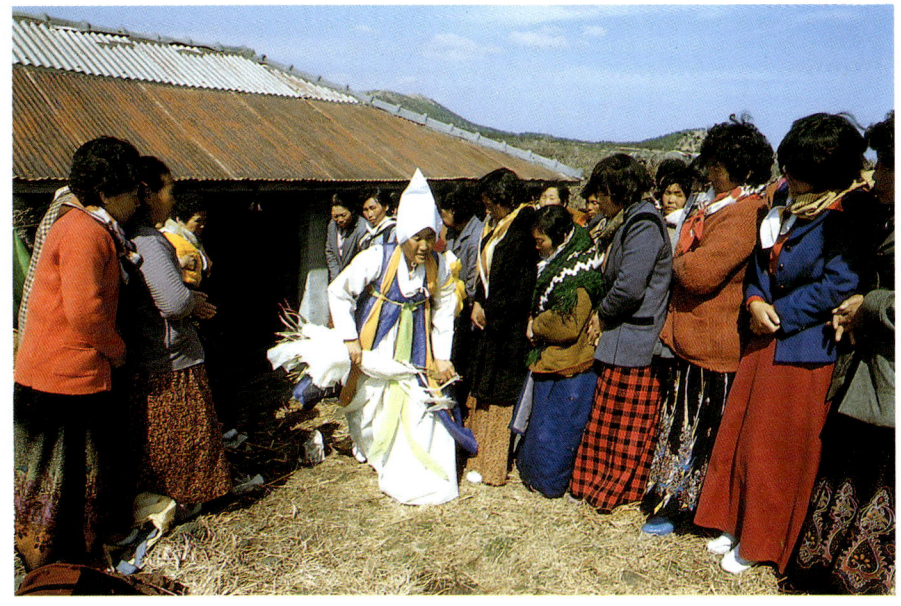

심방은 신을 청하는 감상기를 들고 춤을 추며 신이 굿당에 강림하기를 빈다.

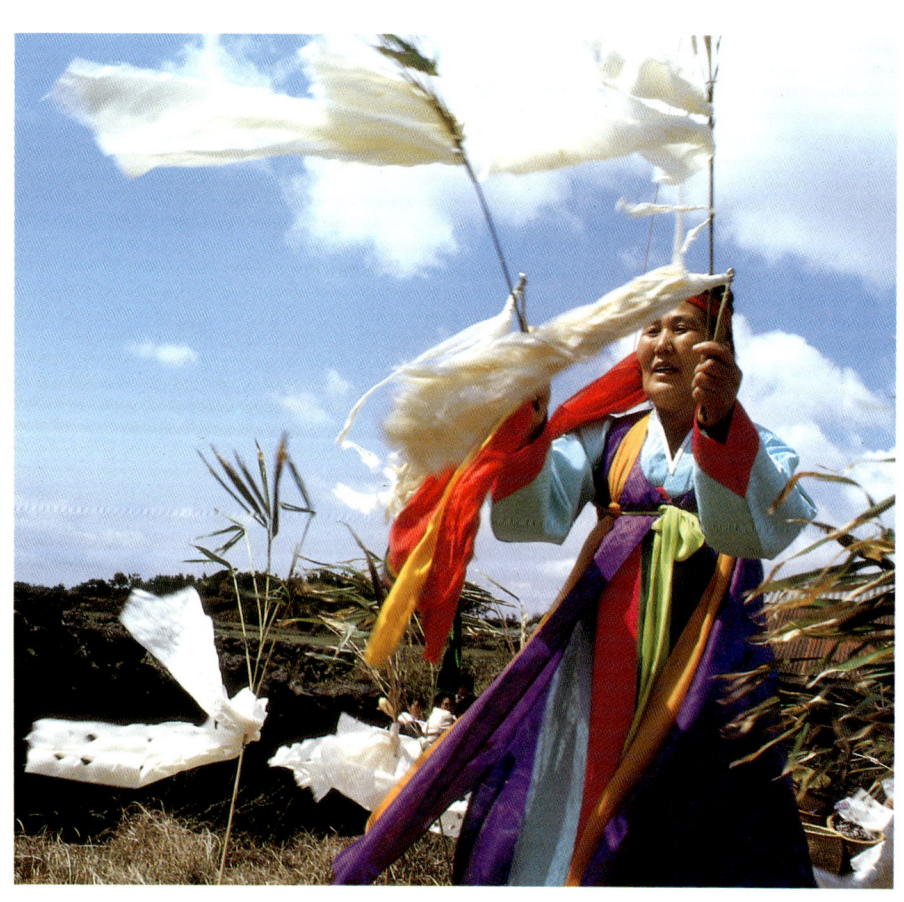

"영등할망도 옵소. 본향님도 옵소. 아무쪼록 우리 잠녀들 잘 살게만 해 줍소."

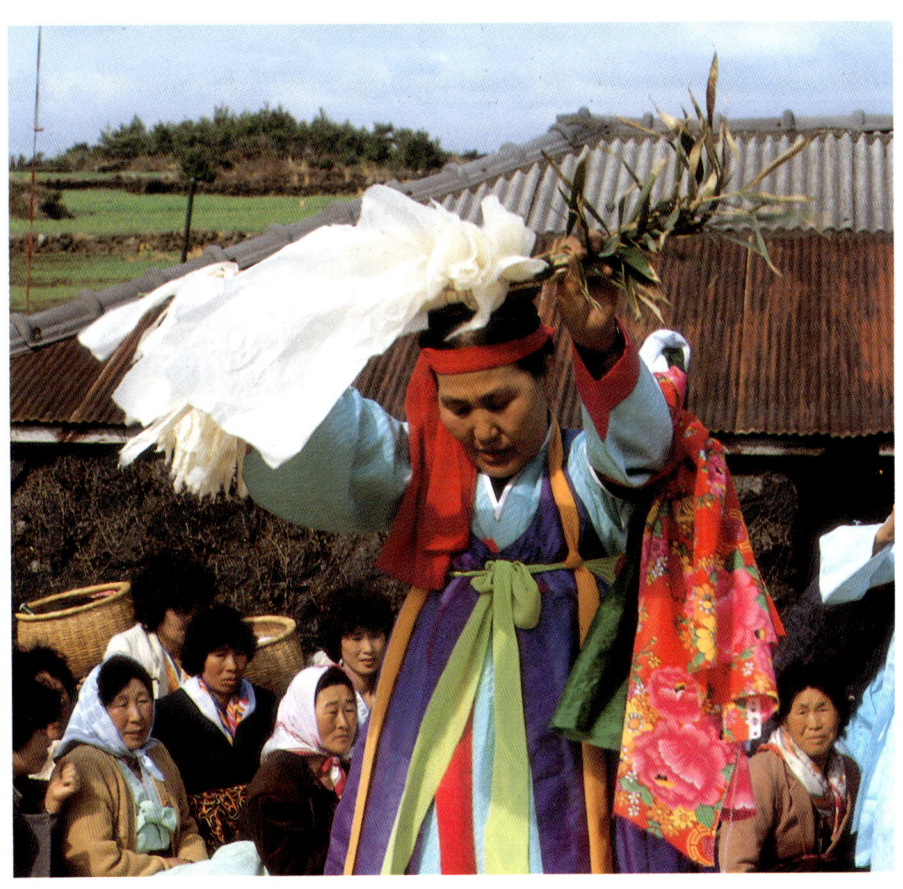

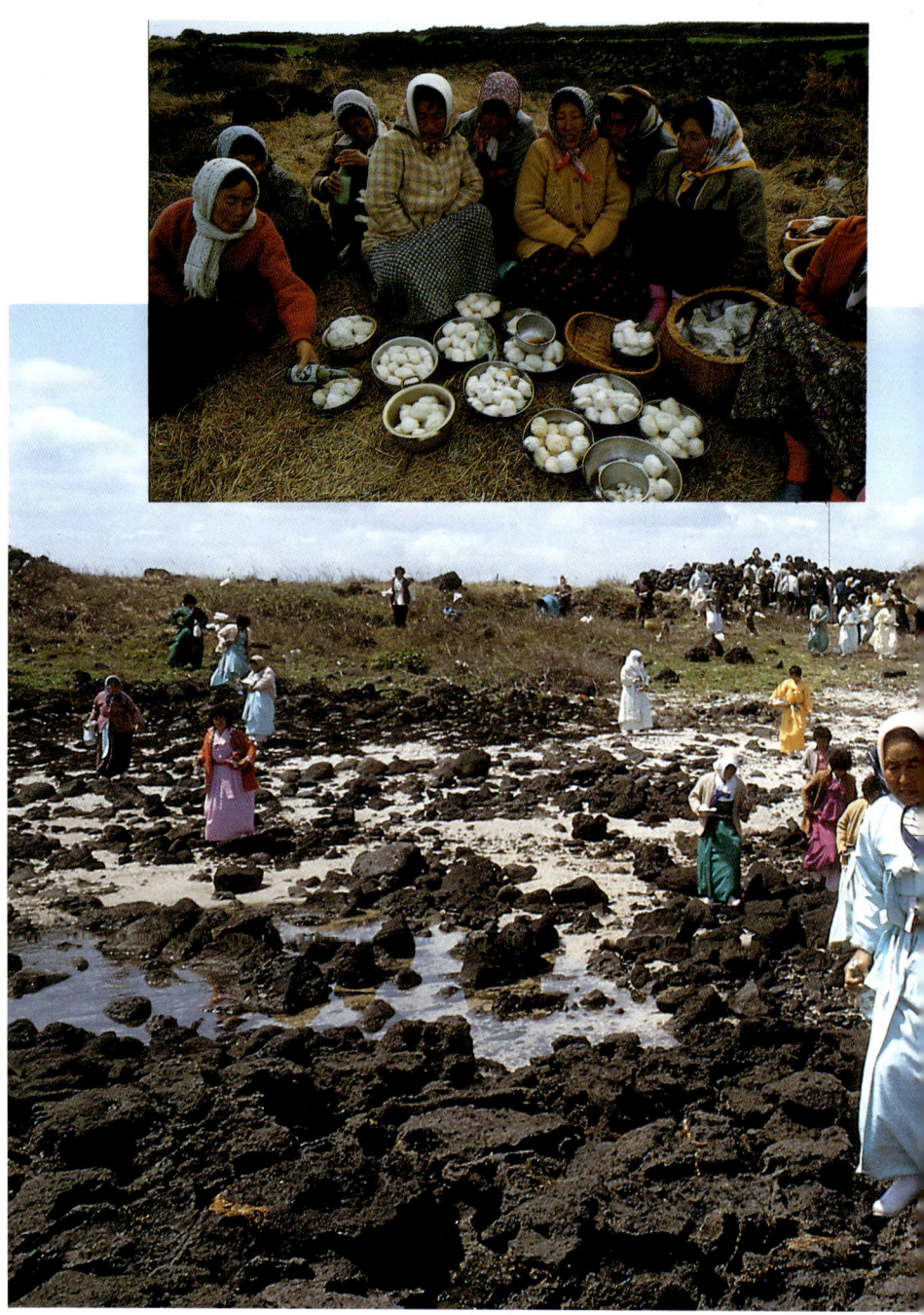

용왕님께 바치는 제물 '지'를 놓고 앉아 있는 잠녀들. 수중고혼이 된 가족과 살아있는
식구 수만큼 조금조금 제물을 한지로 싸서 지를 만들어 바다에 던진다. (왼쪽)
"지아립서." 잠녀들은 심방의 말이 떨어지자마자 다투어 바닷가로 달려간다. (아래)

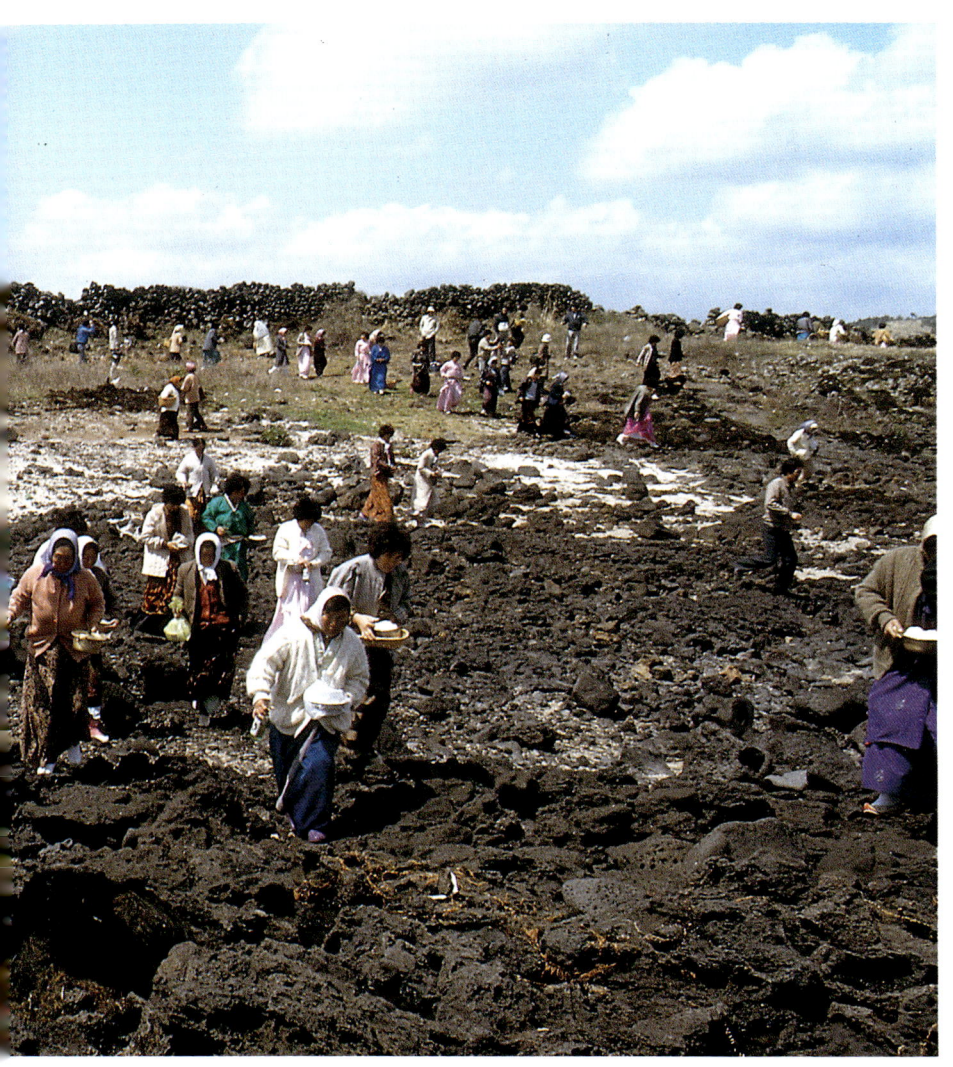

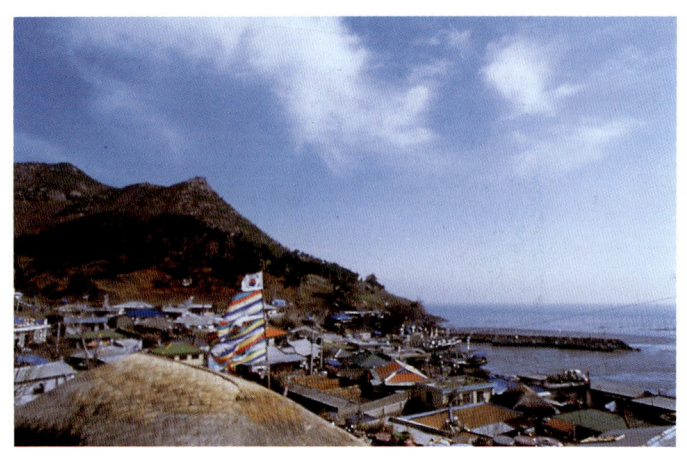

위도 띠뱃굿

위도는 곰소나루에서 뱃길로 한 시간 40 분쯤 걸리는 섬으로 띠뱃놀이가 전승되는 대리는 위도에서도 가장 외진 곳에 자리잡은 마을이다. 논이나 밭이 거의 없이 오직 바다에만 생계를 의지하는 대리 사람들은 해마다 정초면 원당을 모시고 띠뱃굿을 해왔다. 조상덕은 못봐도 조심덕은 본다고 까다로운 처녀신 원당을 모신 후 온갖 잡귀를 태운 띠배를 바다 멀리 떠내려 보냄으로써 마을의 평안을 비는 굿이다.

푸른 하늘과 이어진 망망한 바다, 그곳이 바로 대리 주민들이 의지하고 싸워야 할 생활의 터전이다. (왼쪽)
눈보라 속에서 원당으로 올라간다. 원당은 아래로 바다를 굽어보는 절벽 끝에 아스라이 걸쳐져 있는 당집이다. (오른쪽 위)
당집 안에서 굿하는 조금례 무당. 4대를 물린 당골로 인간문화재인데도 시집간 딸 때문에 사진을 찍지 말라는 호령이 대단하다. (오른쪽 아래)

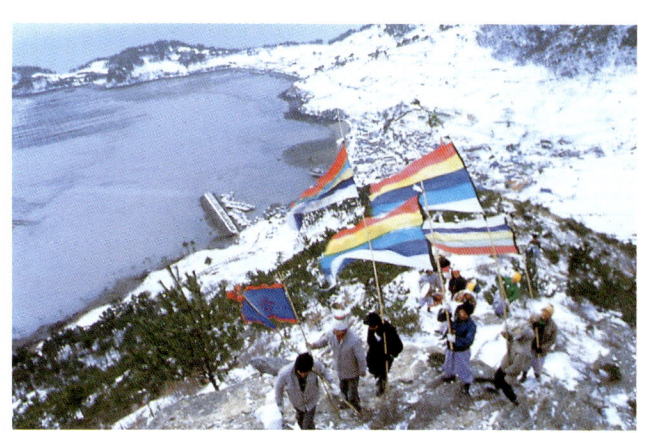

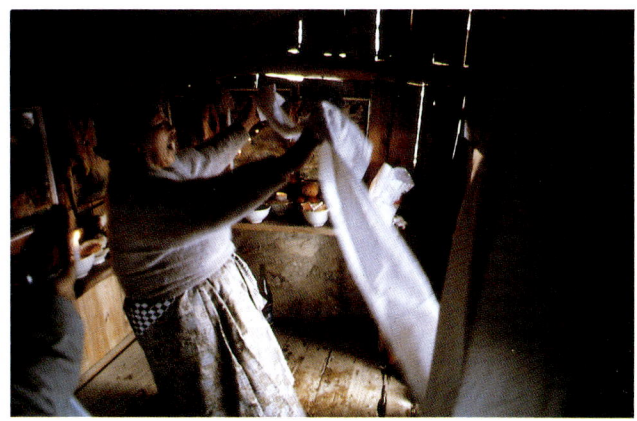

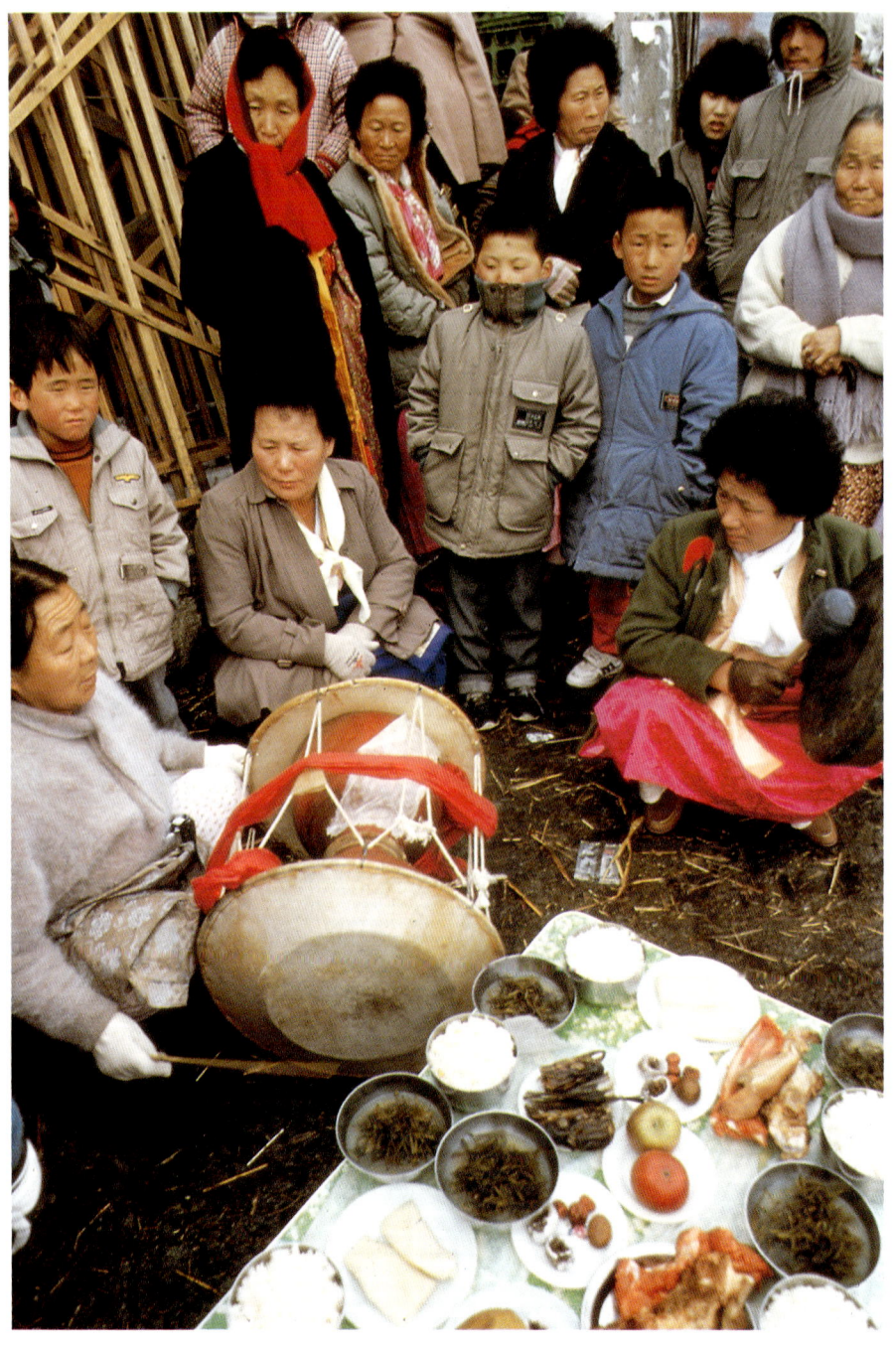

원낭을 모신 후 마을에 내려와 바닷가에 상을 마련하고 용왕굿을 하는 무녀. 바다에서 죽은 가엾은 영혼을 달래는 굿이다. (왼쪽)
액을 담은 띠배는 호위를 받으며 큰바다로 나간다. 잔잔하던 물결이 갑자기 크게 흔들리는 곳, 그곳부터가 바로 큰바다이다. (오른쪽 위)
띠배를 전송하는 주민들. "멀리 더 멀리 떠내려가서 우리 마을엘랑 절대 다시 오지 말거라." (오른쪽 아래)

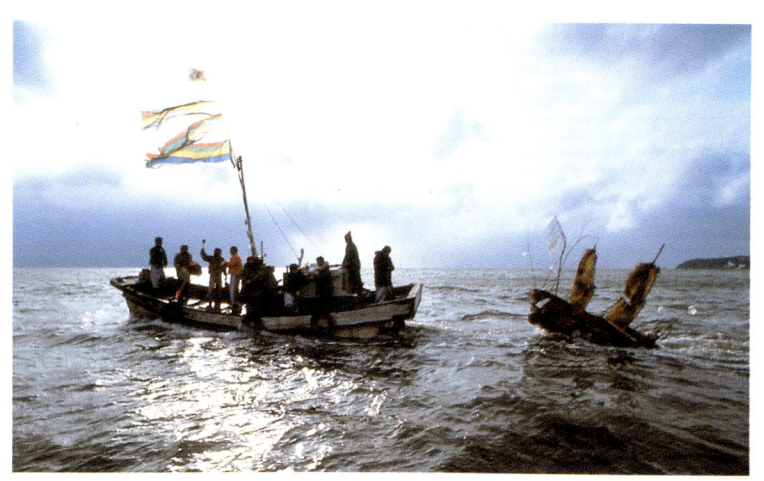

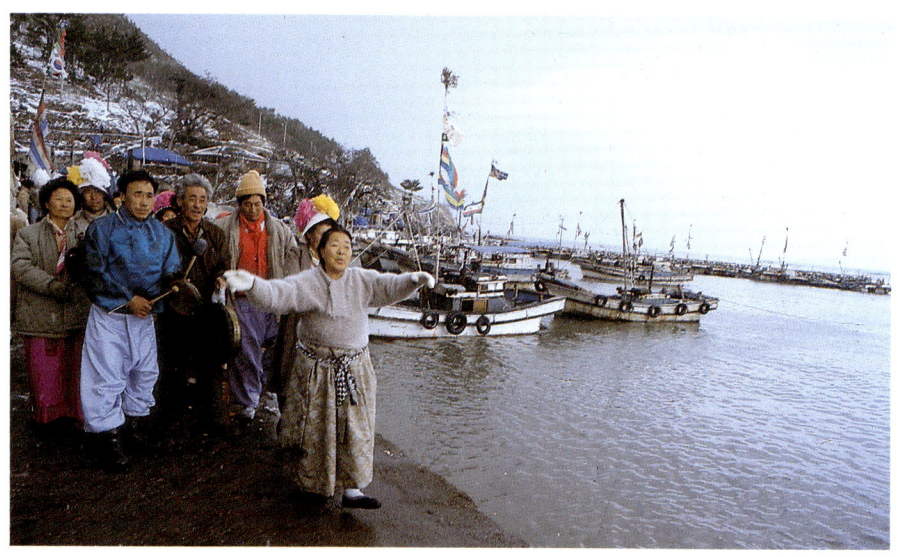

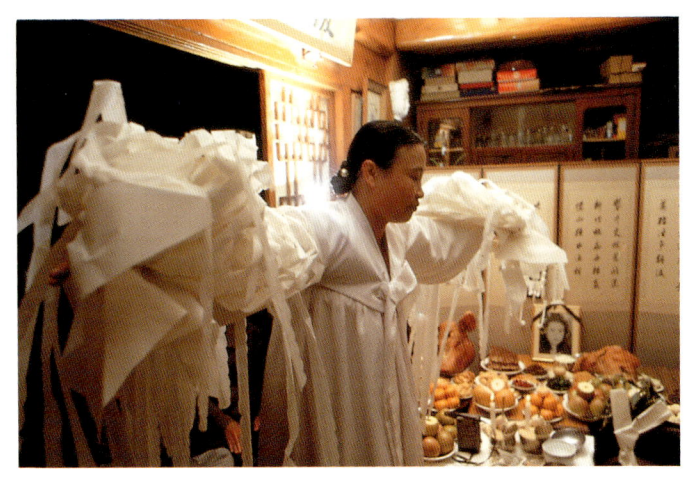

씻김굿
●

죽음은 부정한 것이다. 결코 공존할 수 없는 별개의 세계인데도 죽음은 삶 속에 끈적하게 남아 살아있는 사람들을 혼란시킨다. 죽었지만 결코 죽지 않는 삶에의 집착은 살아있는 사람들이 정성을 모아 깨끗이 씻겨 풀어 주어야 할 한이다. 그 한이 남아있는 한 죽은 자도 또한 산 자도 자유로워질 수가 없다.

망인의 넋과 지전을 들고 춤추는 진도의 무녀. (왼쪽)
이 씻김굿은 젊은 나이로 아깝게 죽은 두 명의 소리꾼의 명복을 빌기 위해 행해졌다. 평소 고인을 아꼈던 진도 씻김굿의 인간문화재 박병천이 굿을 맡고 많은 소리꾼들이 참여했다. (오른쪽)

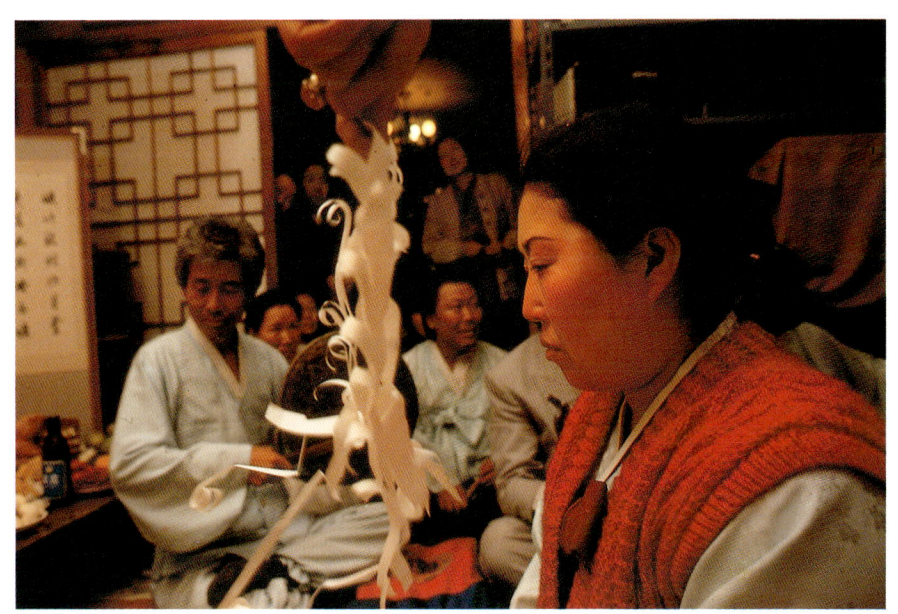

야무지게 묶인 일곱 개의 고는 생전 망인의 가슴에 맺혔던 피멍이다. 단순한 춤과 노래로
무당이 하나하나 고를 풀어나갈 때 죽은 이의 한도 그렇게 풀릴 것이다.

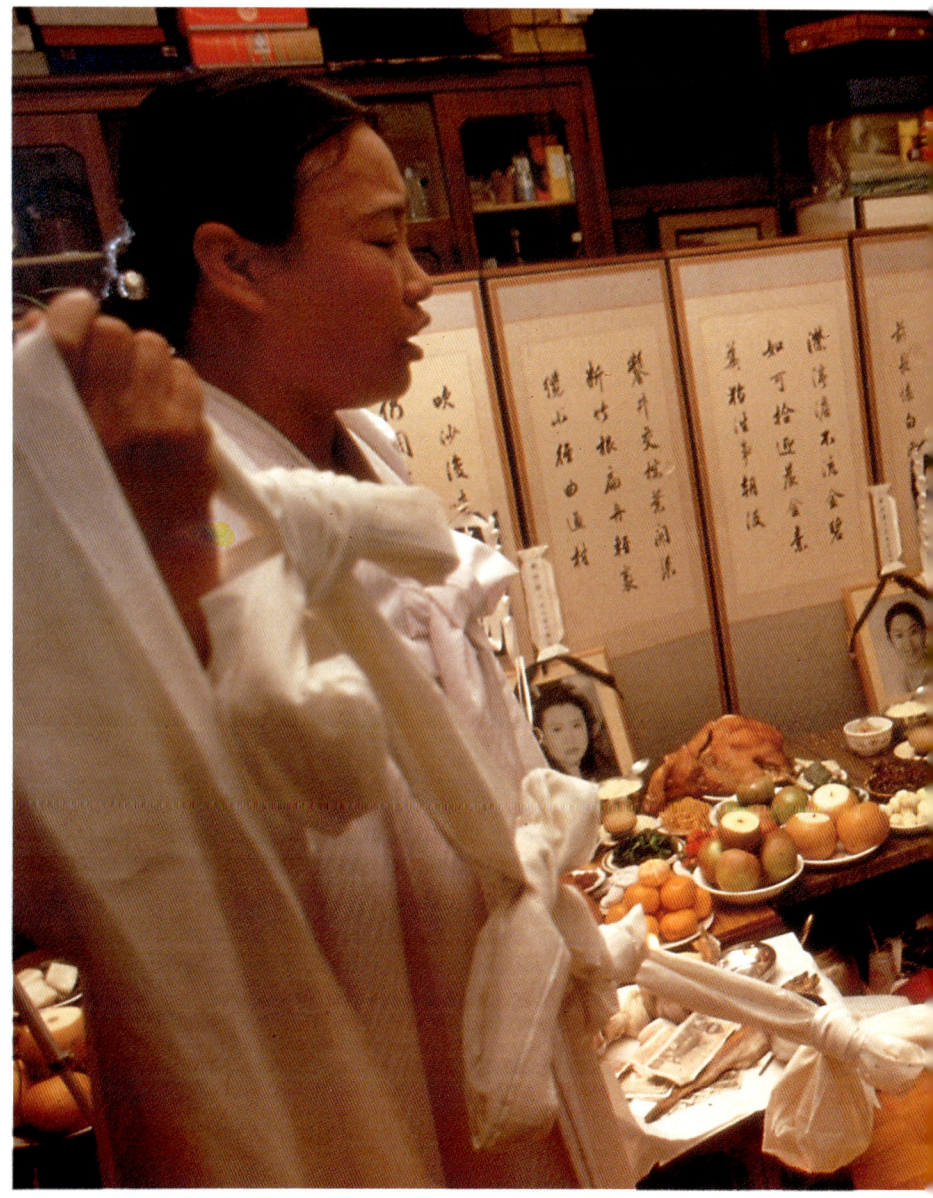

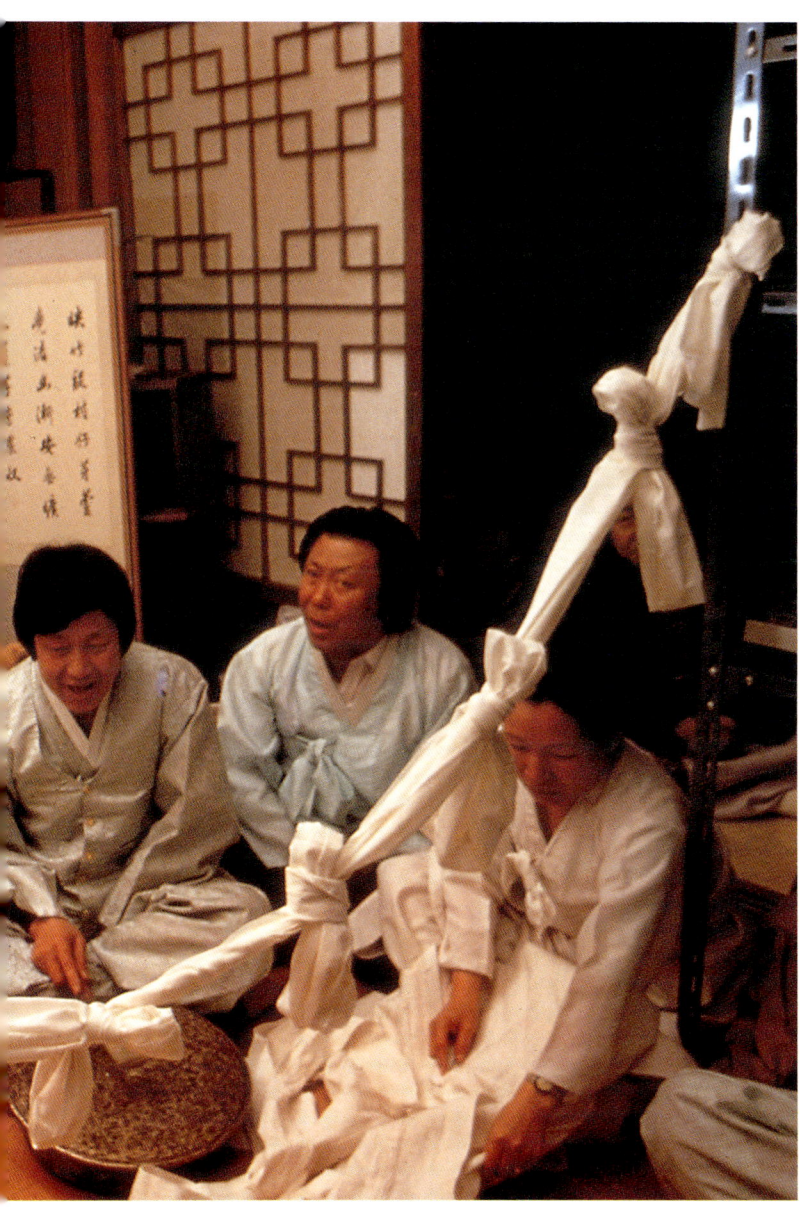

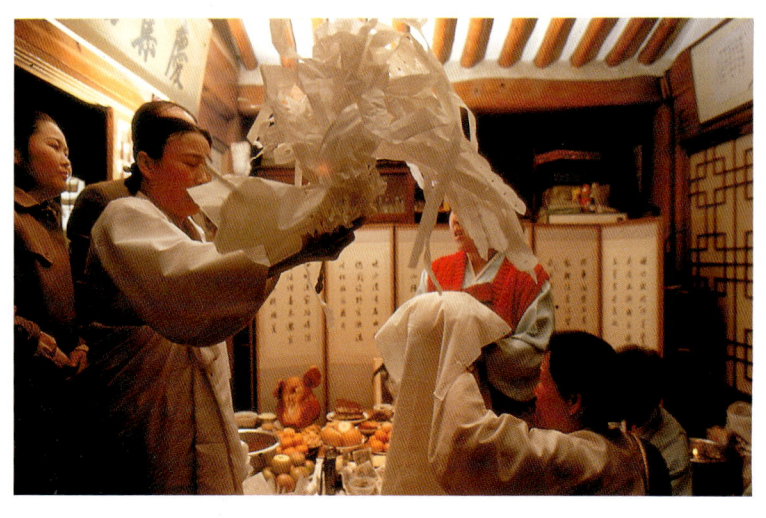

한풀이를 한 망인의 넋은 이제 깨끗이 씻겨졌다. 가벼워진 망인의 넋을 풀고 무녀는 춤
춘다.

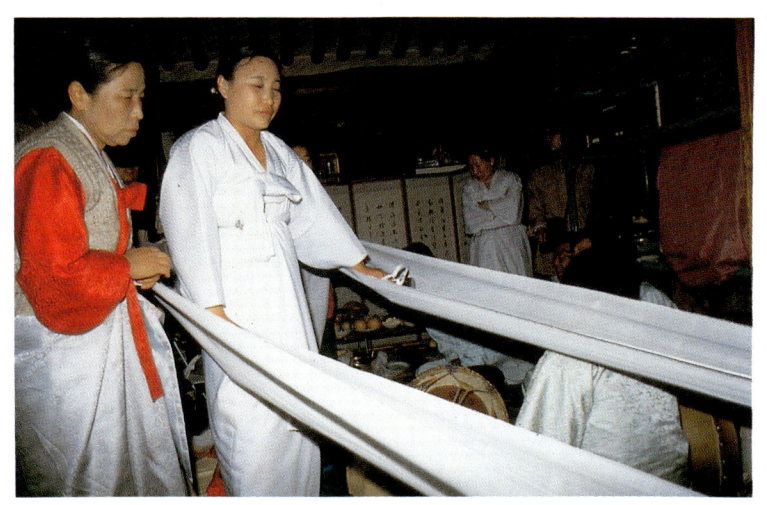

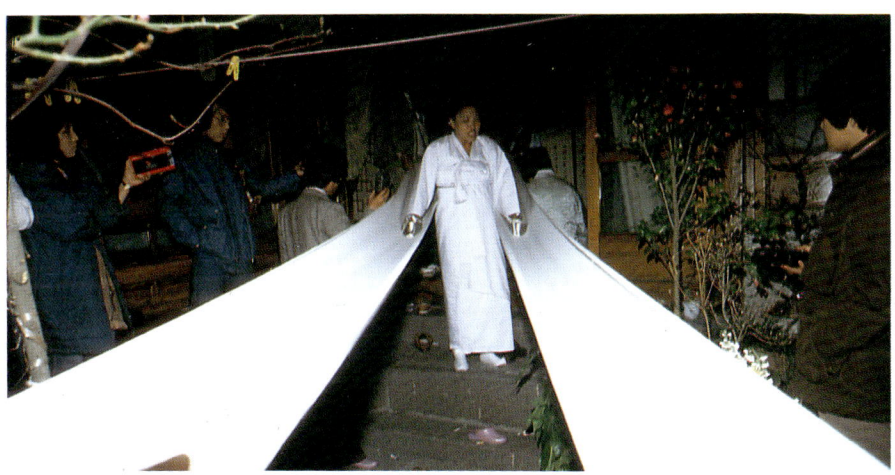

저승으로 갈 다리천을 잡고 있는 소리꾼의 스승 김소희 여사. (위)
넓게 펼쳐진 두 개의 하얀 광목 위엔 아무 거칠 것이 없다. 평탄한 이 긴 천 위를 오가며
무당은 오직 염불과 덕담으로 마지막 축원을 해 준다. (아래)

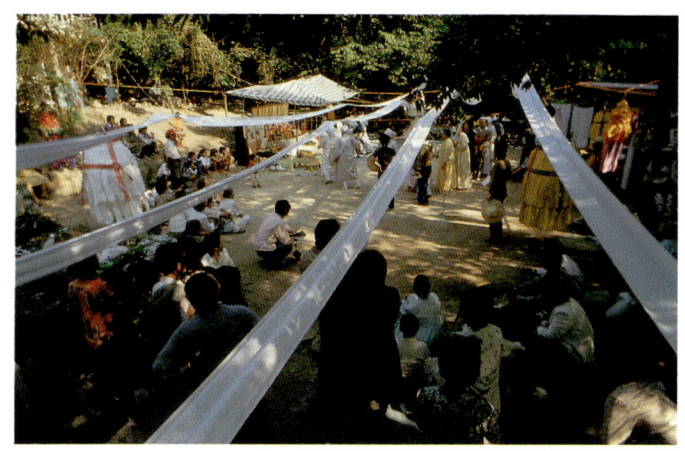

다리굿
●

삶과 죽음은 결코 공존할 수 없다. 한번 죽음이 인간을 습격하면 그는 영원히 이 세상을 떠나 결코 삶의
영역으로 들어올 수 없는 것이다. 오직 무당만이 삶과 죽음 사이에 다리를 놓는다. 그 다리 위에서 삶과
죽음이 만난다. 그래서 평안도 지역에서는 영혼을 저승으로 천도하는 넋굿을 다리굿이라고 부른다.

허공에 걸린 네 개의 다리천은 망인이 저승에서 가족과 친지를 만나러 오는 구체적인 다리이기도 하다. (왼쪽)
평안도의 큰무당 이춘옥이 굿당에 모든 신들이 강림하기를 비는 앉은 청배굿을 하고 있다. (오른쪽)

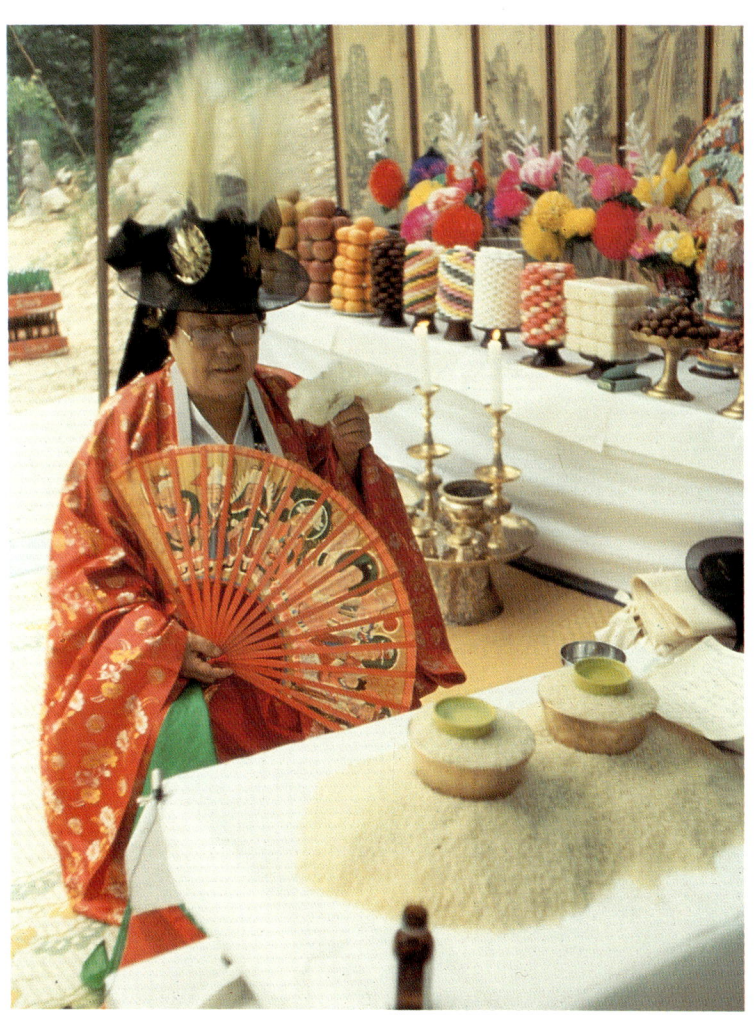

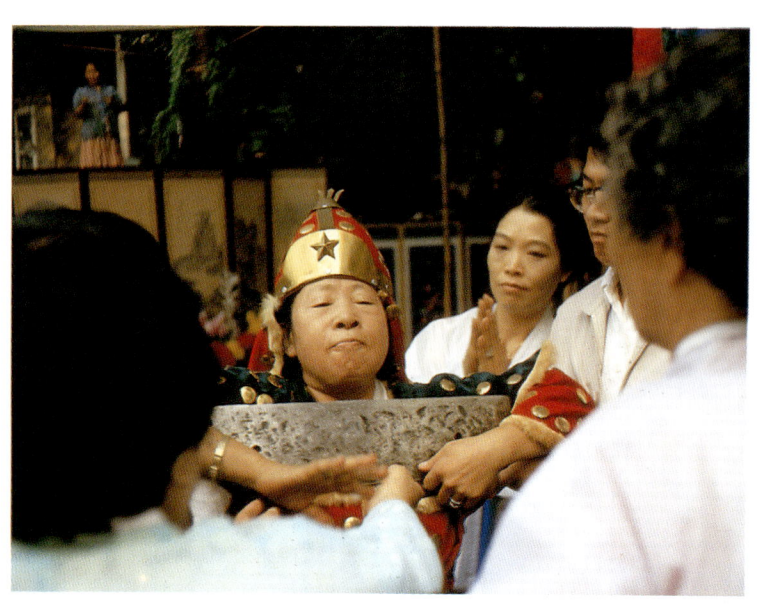

작두날에 매달린 무녀. 언제 죽음을 당할지 모르는 위태로운 우리의 삶이 칼날 위를 걷는 것과 무엇이 다를까. (왼쪽)
이제 굿을 받아 한을 푼 망인은 다시 다리를 타고 저승으로 간다. 가족들은 저승가는 길에 노자로 쓰라고 인정을 건다. (오른쪽)

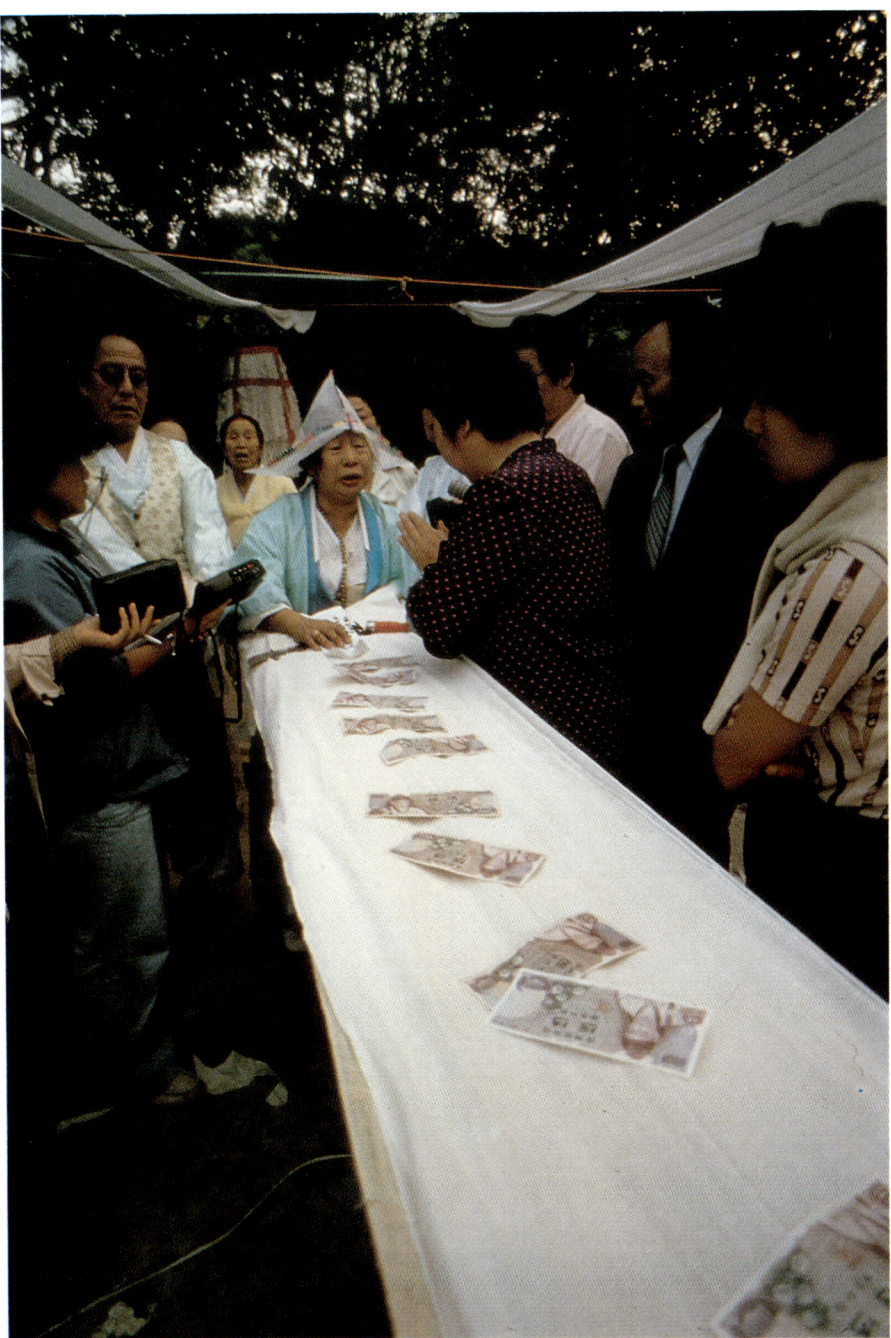

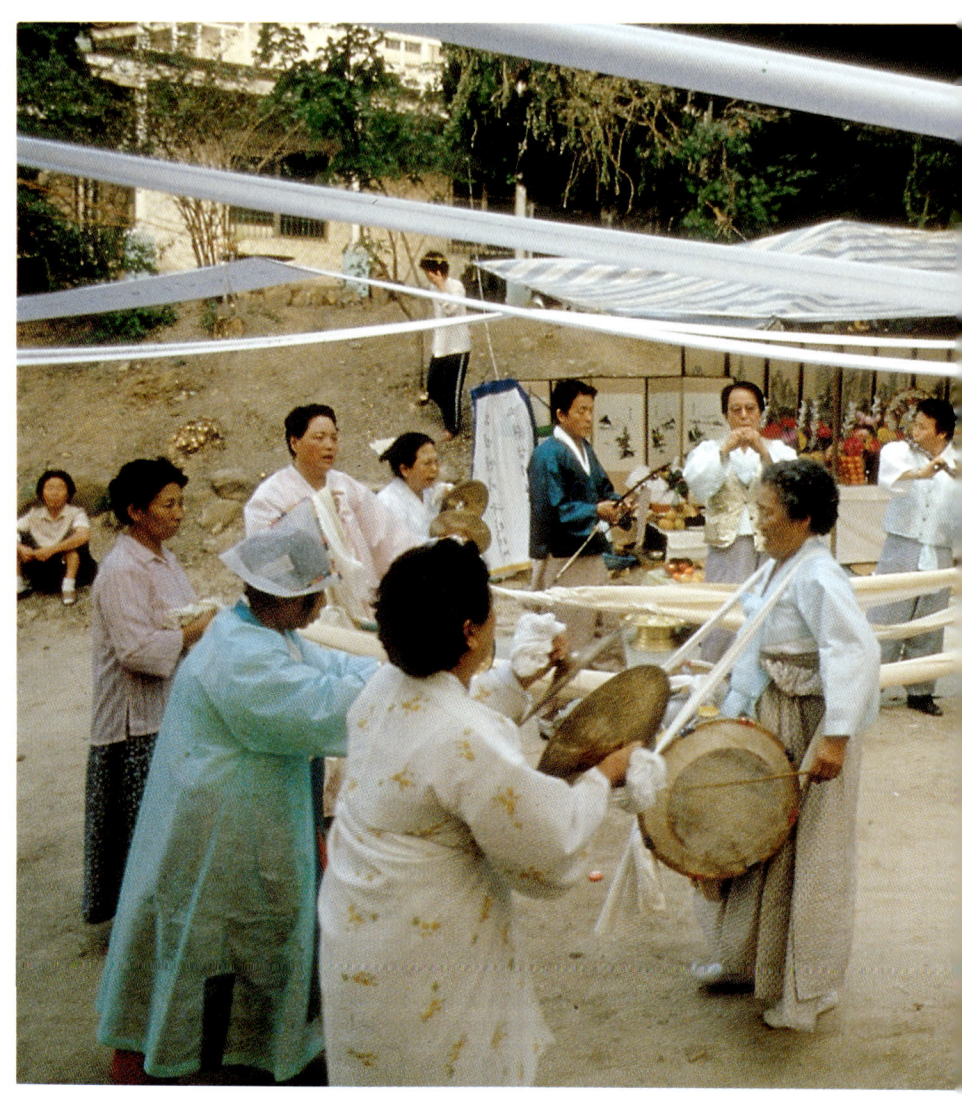

망인의 극락천도를 빌며 염불로 길을 닦는 무녀들.

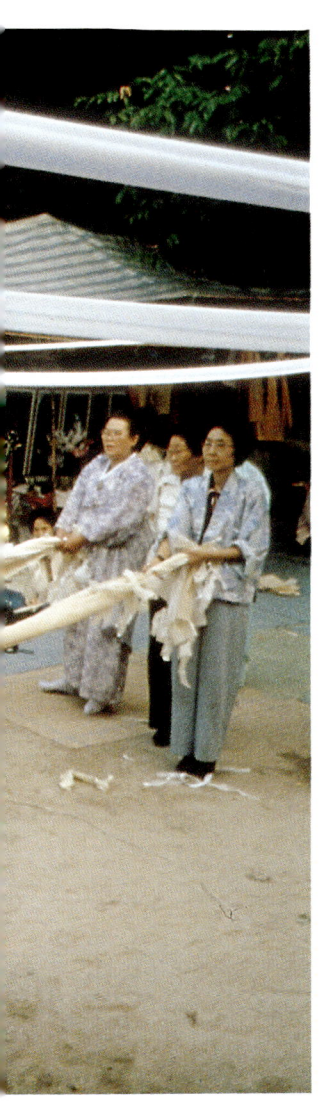

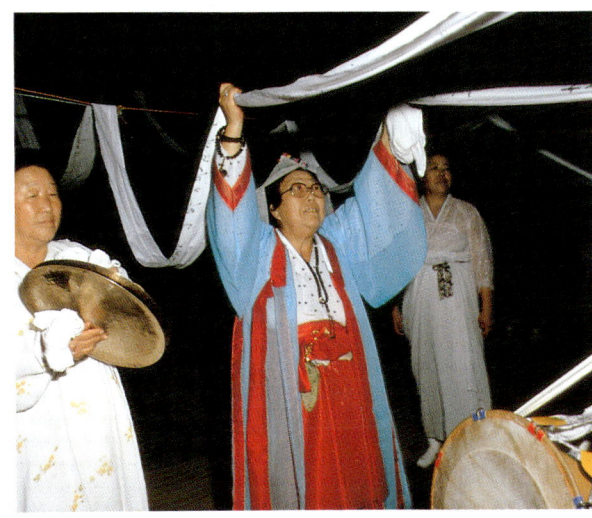

망인의 넋은 다릿발 위에 가볍게 올라선다. 이제 다리를 거두어 들이면 자유로워진 영
혼은 저승으로 갈 것이다.

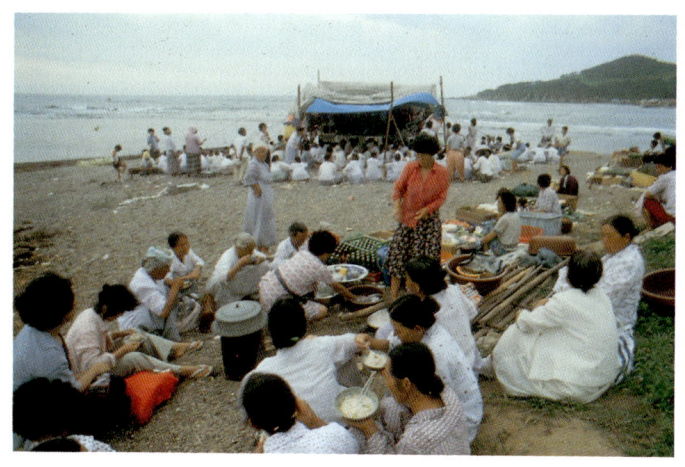

수망굿
●

어떤 고통이 있더라도 삶은 좋은 것이다. 그래서 팔십에 죽었어도 죽은 자는 삶에 미련이 남기 마련이다.
더군다나 젊은 나이에 혼인도 못하고 죽은 영혼은 그 한 때문에 저승에 들지 못하고 이승과 저승 사이를
떠도는 가엾은 귀신이 된다. 바다에서 죽은 영혼을 건져내어 결혼을 시키고 저승으로 보내는 수망굿은 한
을 풀어 주어야 한다는 한국인의 마음이 만든 의례이다.

굿에는 구경꾼이 모여들기 마련이고 사람 많은 곳에는 장이 서게 마련이다. 아직 시작도
하지 않았는데 할머니들은 국수 한 그릇으로 든든하게 밤새울 준비를 해 둔다. (왼쪽)
넋을 건지러 바닷가로 가는 무당과 가족들. (오른쪽)

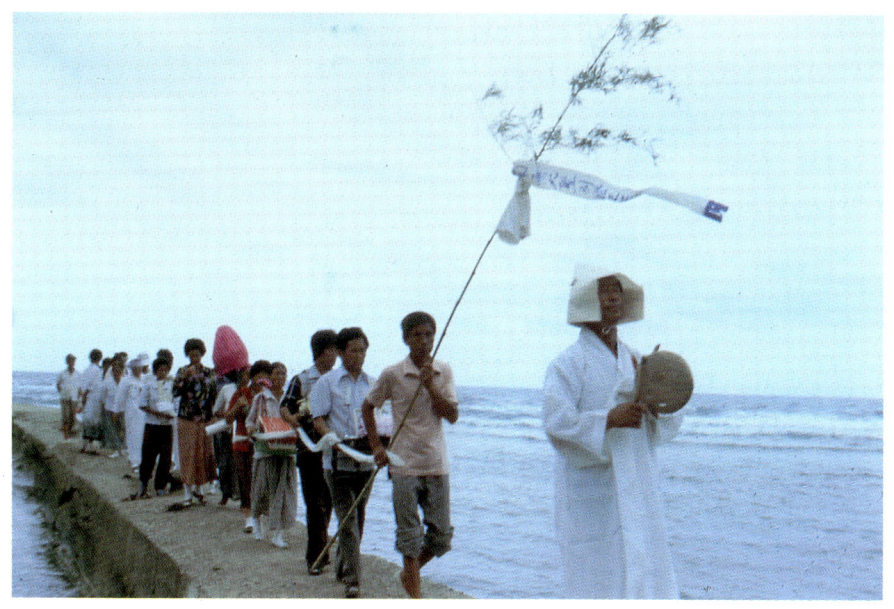

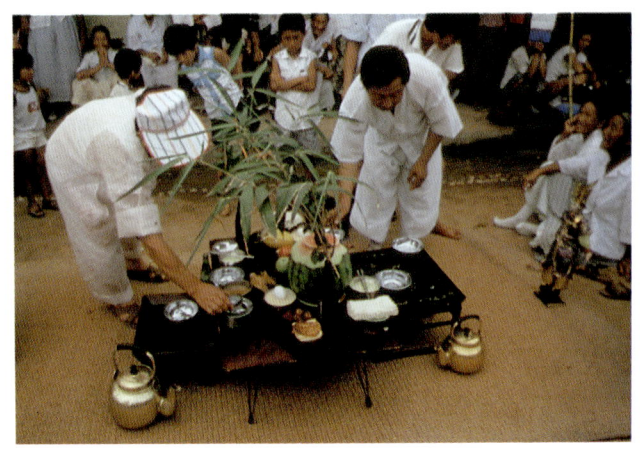

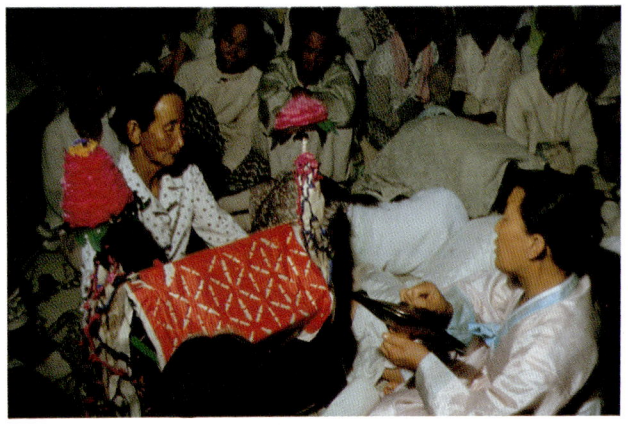

바다에 풍덩 던졌다가 끌어올린 밥주발 속에서 발견된 한올의 머리카락은 바로 망인의
영혼이자 몸이다. 고히 모셔가지고 집으로 온다. 처녀로 죽은 색시와는 궁합까지 맞춰본
천생연분. 인형으로 신랑 신부를 대신하여 결혼식을 올린다. (위)
댓가지와 종이로 만든 신태집 안에는 망인의 영혼이 깃들어 있다. 동네 할머니가 망인
의 넋을 받아 한맺힌 설움을 털어 놓는다. 젊어 죽은 것이 원통하지만 굿 받고 색시 얻
으니 이젠 다 풀렸다고 모두 고맙다며 하직 인사를 한다. (아래)

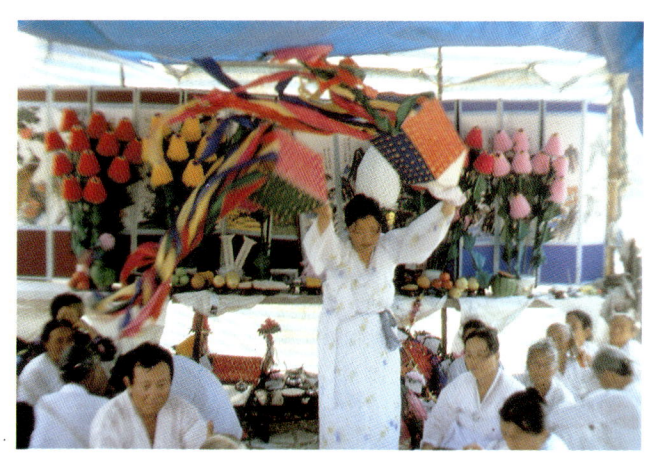

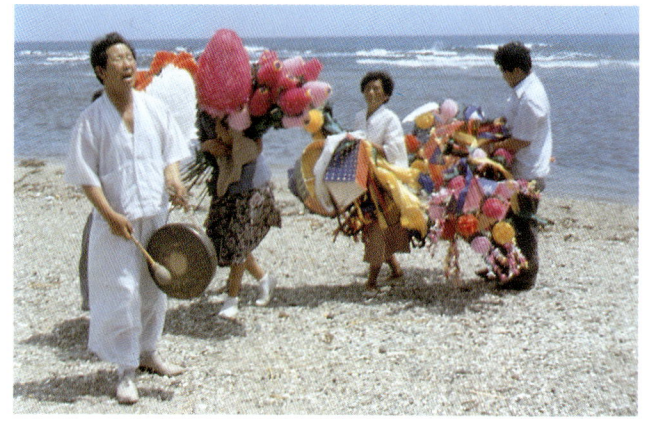

망자가 저승으로 갈 때 길을 밝혀줄 등을 들고 춤추는 무녀. (위)
굿이 끝나면 모든 것은 태워 버린다. 망인의 한은 한줌의 재로 깨끗이 없어지고 가족의
가슴에 맺힌 한도 재의 무게만큼 조금은 가벼워졌을 것이다. (아래)

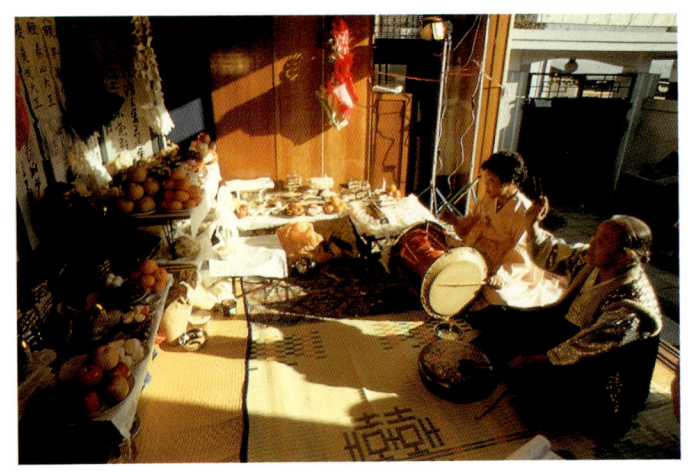

망묵굿
●

망묵은 죽은 사람의 저승길을 닦아 주는 함경도 지방의 굿이다. 망묵굿은 부정풀이로 시작해서 하직천수로 끝을 맺는, 스물두 거리나 되는 대규모 의례이다. 따라서 3 일간 밤낮으로 계속 진행되고 무당도 혼자가 아니라 여러 무당이 동원된다. 각 무당은 각자의 장기에 따라 거리를 맡아 주무가 되어 그 거리의 처음부터 끝까지 무가를 부르며 춤을 춘다.

망묵굿의 네번째 거리인 문열이천수를 하고 있다. 주무와 조무가 장고와 놋대야를 치면서 십대왕(十大王)에게 죽은 사람의 영혼이 좋은 곳으로 갈 수 있도록 명부의 여러 문을 열어 달라고 기원한다. (왼쪽)
왕당천수에서 천수경을 읊은 다음 바라춤을 추고 있는 만신. 왕당천수는 영혼을 앉혀놓고 천수경을 읊으며 회심곡을 부르는 것이다. (오른쪽 위)
죽은 사람이 대를 통해 내려와 마지막으로 말을 남기고 놀다 가는 대내림을 하고 있다. 커다란 양은 그릇에 쌀을 담고 잘게 오린 한지를 매단 대를 꽂아 잡는다. (오른쪽 아래)

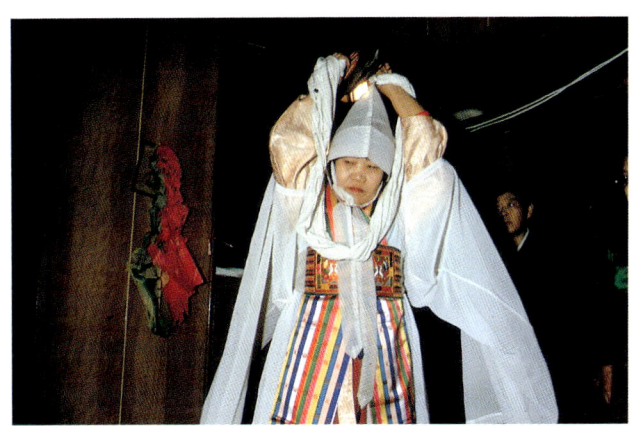

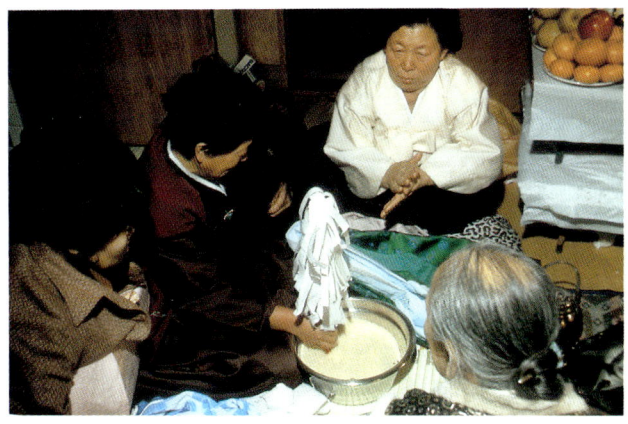

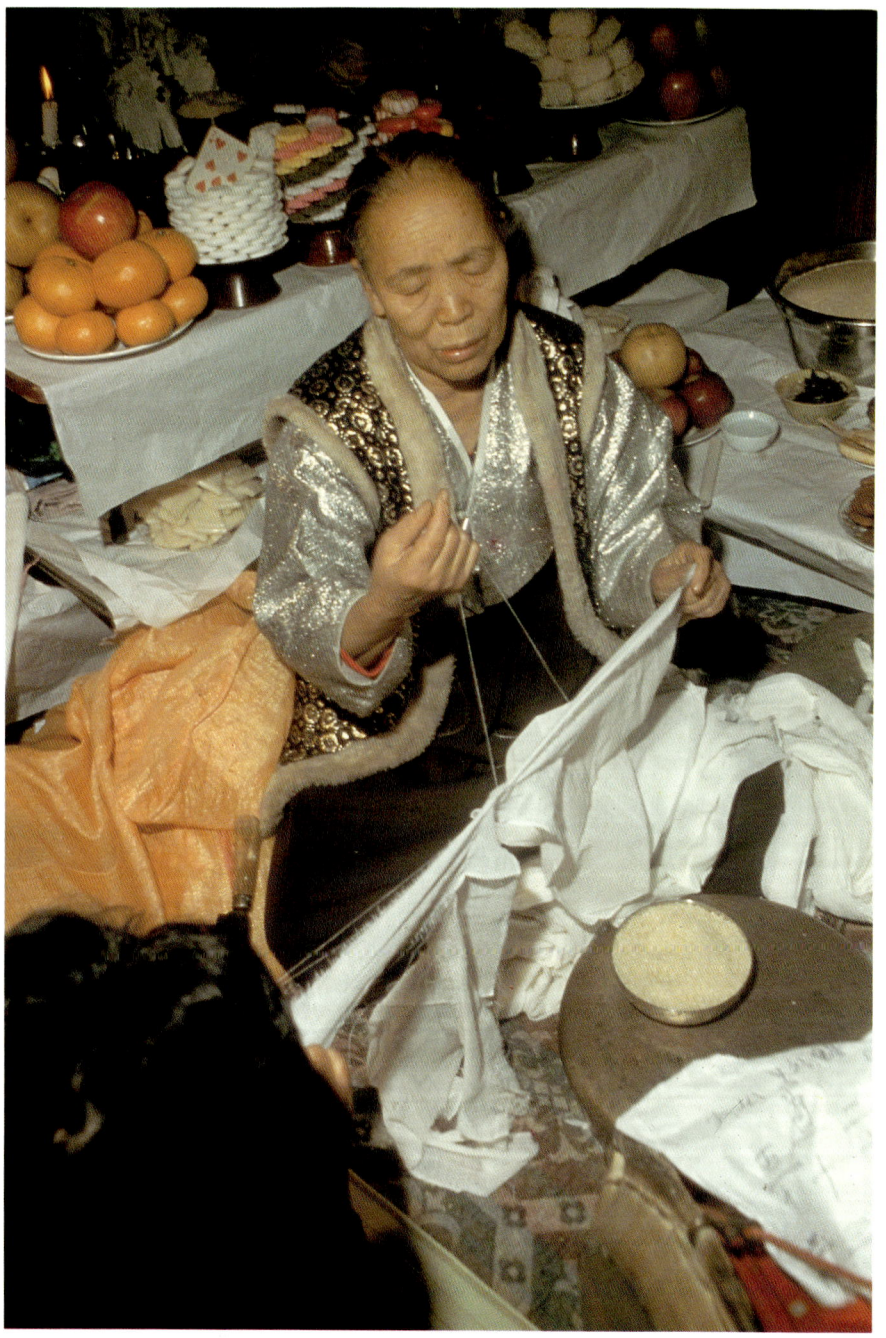

무명을 칼로 자른다. 모든 귀신을 보내면서 손수건감이라도 갖고 가라며 천을 한뼘만큼씩 조각조각 자른다. (왼쪽)

부채할머니가 문굿을 하고 있다. 이 거리는 망자가 저승으로 편안하게 갈 수 있도록 저승길을 닦는 거리이다. (오른쪽 위)

부채할머니가 베를 가르고 있다. 흰 천을 길게 펴서 두 사람이 양끝을 팽팽하게 잡고 천 위에 죽은 사람의 의복이나 소지품을 올려 놓는다. 주무가 앞뒤로 움직이면서 망령이 저승에 편안히 가도록 주문으로 기원한다. 또 가족들은 죽은 사람이 저승으로 끌려가는 도중에 어려운 고비를 잘 넘기게 해달라고 인정을 쓴다. (오른쪽 아래)

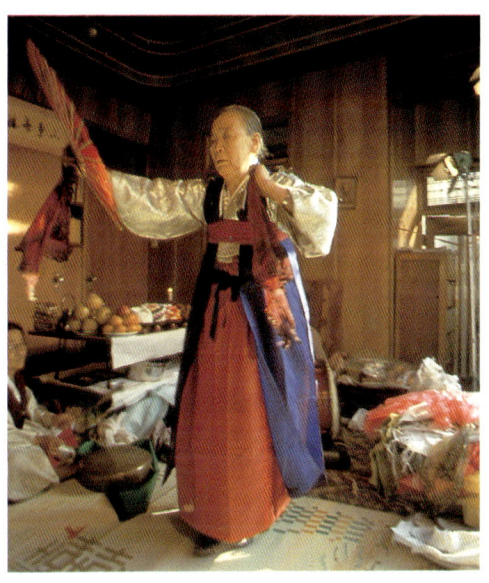

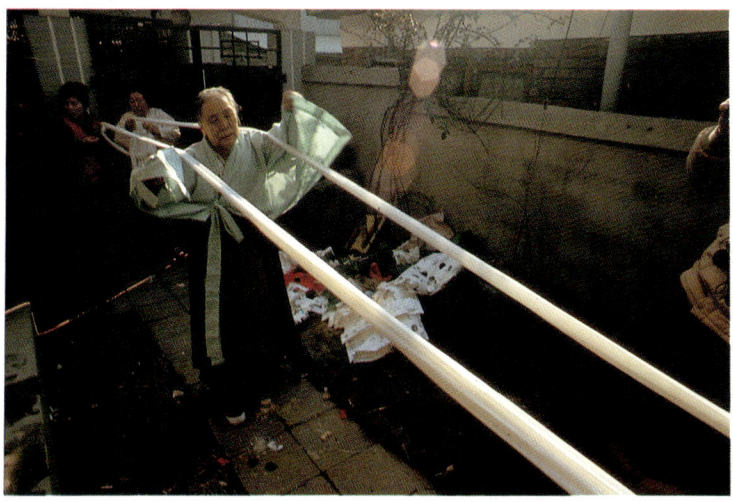

팔도 굿

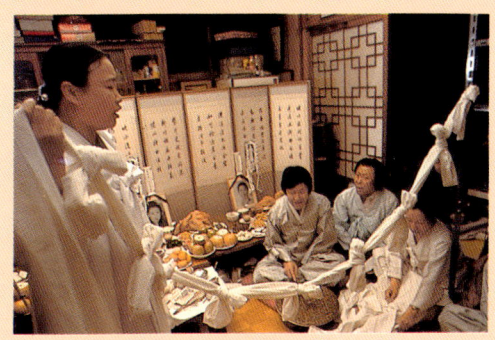

푸닥거리의 현장

　토요일 저녁, 북한산에 올라오는 사람이라면 으레 한번쯤 보기 마련인 광경이 있다. 여름에 지리산 등반을 해 본 사람 역시 상당수가 눈으로 직접 목격하거나 또는 흔적을 보았을 것이다. 그뿐이랴. 삼각산, 월출산, 도봉산, 무등산, 설악산, 대관령, 태백산, 소백산 같은 깊은 산속이라면 전국토의 어디서나 언제라도 부딪히게 되는 광경.

　그것은 먼저 소리로 시작된다. '당당당당' 장구 소리, '잰잰잰잰' 제금 소리 그리고 헐떡이는 가쁜 숨소리, 그 숨소리와 함께 잦아드는 처절한 기원의 목소리. 소리를 좇아 걸음을 옮기면 나무 사이로 드러나는 하얀 바위. 바위를 그슬리며 타오르는 두 자루의 촛불. 떡, 고기, 과일로 간수하게 차린 굿상. 땅바닥에는 쌀, 좁쌀, 붉은팥 따위가 어지러이 흩어져 있다.

　이젠 사람도 보인다. 대개는 여인들 서넛이 모여 있고 어쩌다 한복 차림의 남자가 하나쯤 끼어 있기도 한다. 장구치는 여인은 두 팔이 빠져 나갈 만큼 장단을 몰아가는 중이다. "얼씨구, 아 좋지. 얼씨구!" 장구 치는 사이사이 입으로는 추임새를 넣어 신명을 돋운다. 옆에 서서 제금 치는 여인은 잦은 장단을 따라가느라고 이마에 구슬

땀이 송글송글 맺혔는데 얼굴은 이상하리만치 무표정하다. 너무 힘든 탓일까. 그러나 훨씬 더 고된 사람이 있다. 바로 그 앞에서 위아래로 팔을 저으며 두 발을 모아 뛰고 있는 여인. 얼마나 오랫 동안 그렇게 뛰었는지 숨은 턱에 닿았고 물먹은 솜처럼 두 팔이 무거운 모습이 완연한데 분홍신을 신은 듯 제 자리에서 동동 뛰는 발은 좀처럼 멈추지 않는다. 허공을 노리는 여인의 시선. 그러나 초점이 없다. '당당' '잰잰' 변함없이 잦은 장단 소리.

갑자기 여인이 헉 무릎을 꺾고 땅바닥에 엎드려 버린다. 급히 장구채를 놓은 무당이 엎드린 여인의 등 위에 빨강과 하양 기 둘을 덮고는 좁쌀과 붉은콩을 힘있게 뿌린다. 제금 치던 여인은 소주병을 입에 대고 한 모금 물었다가 '후'하고 뿜어낸다. 이것을 몇 번이고 되풀이한 뒤에 나머지 술은 병째 주위에 뿌려 버린다. 그제야 잡귀가 물렸는지 엎드렸던 여인이 꿈틀대고 일어나면 무당은 얼른 물 그릇을 입에 대어 준다. 몇 모금 마신 뒤에 깊은 한숨을 내쉬는 여인의 얼굴은 지치고 허탈해 보인다.

썩 야단스러운 이 광경은 병에 걸렸거나 신들린 사람에게서 잡귀를 몰아내기 위해 행하는 푸닥거리이다. 때로는 신들린 당사자가 빨강, 노랑, 하양, 파랑색의 무복을 번갈아 입으면서 몇 시간이고 춤추고 울고 웃는 과정을 되풀이하는 걸진 장면을 볼 수도 있다. 실컷 춤추게 함으로써 그의 신명을 풀어 주기 위하여 무당들은 저녁 늦게까지 장구와 제금을 울려대는 것이다.

생각해 보면 이상스러울 것도 없는 일이다. 산기도, 물기도, 바위기도같이 심상치 않은 자연물이 있는 곳이면 어디서나 소원을 빌고 정성을 들여온 것이 우리네 토속 신앙의 모습이기 때문이다. 그러나 등산길에서 우연히 마주치게 되는 푸닥거리는 서낭당에서 정성을 모아 올리는 할머니들의 기도와는 상당히 다른 모습이어서 보는 사람을 당황하게 만든다.

온 산을 뒤흔드는 요란한 무악 소리, 어깨를 으쓱대며 춤추는 무당, 울긋불긋한 무복들, 그 색채와 소리의 흥청거림에도 불구하고 어딘가 여유없이 절박한 분위기, 주위에 맴도는 신기(神氣). 본디 푸닥거리는 삶을 답답하게 만드는 맺힌 것을 시원스레 푸는 의례이다. 그러나 요즈음 푸닥거리는 풀기보다는 오히려 절망적인 한맺힘의 장면이 훨씬 더 강하게 부각되고 있다. 그 속에는 진실한 정성의 투명함 대신 걸러지지 못한 이기심, 좌절된 삶에의 절규가 끈적하게 가라앉아 있는 듯하다.

전통적인 문화 양식의 하나로 굿을 연구하는 입장에서 볼 때 유감스러운 일이지만 이러한 푸닥거리가 오늘날 가장 쉽게 볼 수 있는 무속 의례의 한 유형이다. 이처럼 특정 장소에서 개별적으로 하는 경우 말고도 웬만한 산에는 전문적으로 무당굿을 하기 위해 지은 건물인 굿당들이 한두 채씩 있는데 여기서 벌어지는 굿의 내용 역시 푸닥거리와 크게 다르지 않다. 시끄러운 무악에 맞추어 겅중겅중 뛰고 가쁜 숨을 내쉬며 수없이 무복을 갈아입고 자신을 도와줄 신을 찾아 헤매는 모습.

그러나 아무리 절박한 상황에서 행해지는 푸닥거리라고 해도 구경꾼의 입장은 냉정하기 마련이다. 이런 현장에 부딪힐 때 대부분의 사람들은 놀라움과 함께 '아, 바로 이것이 미신이로구나'하고 확신을 갖게 된다. 만일 집에서 굿을 한 경험이 있는 사람이라면 움직일 수 없는 미신의 현장에 직면하고는 수치심을 느끼기도 모른다. 굿 문화에 익숙하지 않은 사람은 어쩔 수 없는 경멸을 담은 채 호기심에 가득차기 쉽다. '참 신기하다. 저런 인생도 있구나. 내가 아닌 게 얼마나 다행인가. 혹시 모르지 귀신은 별별 조화를 다 부린다는데. 아이구 무서워.' '굿은 미신이니까 절대 가까이 가면 안 된다'라고 어려서부터 단단하게 배워 온 교육이 더 확고해지는 순간인 것이다.

무속은 미신인가?

 그렇다면 이 땅에서 가장 오래된 토속 종교인 무속 신앙은 정말 미신일까? 지난 수천 년 동안 우리 민족은 이런 미신을 믿으며 살아왔을까? 그래서 불교가 필요했고 유교 그리고 기독교와 같은 다른 종교가 필요했을까? 종교는 무엇이고, 미신은 무엇일까? 교회나 절에 가서 예배를 드리는 것은 종교이고 무당한테 가서 굿을 하면 미신이 되는 것일까?

 우리 전통 문화 속에서 무속 문화가 차지하는 비중을 조금이라도 생각해 본 사람이라면 이런 의문이 터져나오게 마련이다. 도대체 무속과 동의어로 쓰이는 미신이란 무엇일까?

 미신은 문자 그대로 그릇되게 믿는다는 뜻이다. 본디 이 말은 특정 종교를 지칭한다기보다 신앙하는 태도와 관련된 용어이다. 합리적인 근거없이 맹목적으로 신앙하거나 기피하는 모든 행위가 미신이라고 할 수 있다. 서양 영화를 보면 애인이 걸어 준 동전이나 평범한 목걸이를 수호신처럼 여기는 장면이 간혹 나오는데 이러한 마스코트도 따지고 보면 미신이라고 할 수 있다. 또 운동 선수의 징크스도 미신에 속하겠지만 단지 이러한 것은 남에게 크게 해가 될 것이 없기 때문에 가볍게 취급되는 것뿐이다.

대개 미신이 문제가 되는 것은 신앙이 갖는 독특한 성격 때문이다. 실제로 종교와 미신의 구분은 참으로 애매하여 종교 자체를 학문의 대상으로 다루는 종교인류학은 이러한 전제로 학문의 객관화를 시도한다.

"종교와 미신은 어떻게 다른가? 답은 간단하다. 자기가 믿으면 종교요 남이 믿으면 미신이다."

신앙이 갖는 극도의 배타성과 맹목성을 지적하는 이 말은 농담처럼 되어 있지만 무속의 입장에서 볼 때 뼈아픈 것이 아닐 수 없다. 무속 신앙은 바로 이러한 편견의 피해자이기 때문이다. 무속 신앙에 관한 한 사람들은 체계적인 지식을 습득할 기회가 거의 없다. 단편적인 자신의 체험 그리고 미신이라는 철저한 교육 내용이 움직일 수 없는 신념처럼 굳어져 있을 따름이다. 그러나 무속이 어떤 것인지 잘 알지 못하면서 곧 합리적인 이유 없이 무슨 전염병인 것처럼 피하려드는 사람들의 태도 역시 미신적이라고 할 수 있겠다. 최근 우리 사회는 빠른 속도로 조직화되고 과학화되고 있지만 전근대적인 문화의 표상이라고 생각하는 무속 문화 역시 상당히 활발해지고 있는 기현상도 보이고 있다. 점복이 성한 것은 물론이요, 산마다 푸닥거리하는 징과 장구 소리가 요란하고 무당의 수효는 날로 늘어난다. 그러나 이것은 무속 종교가 미신이기 때문에 생긴 현상은 아니다. 오히려 무속 문화권에 살고 있는 오늘 우리 사회의 모습을 정직하게 반영하는 장면일 따름이다. 바로 이 시점에서 우리는 무속에 관한 더 객관적인 이해가 필요해진다.

무속은 상당히 오랜 세월 동안 우리나라 사람들이 신앙해 온 우리의 토속 종교이다. 종교는 인간이 살아가야 할 삶의 방법과 내용을 규정해 주고 그것에 따라 살도록 요구하기 때문에 문화와 깊은 관련을 맺게 된다. 예를 들어 기독교를 믿어온 서구 사회는 한마디로 기독교 문화를 가지고 있다고 말할 수 있겠다. 기독교 신앙에 바탕을 둔 철학, 문학, 미술을 낳았고 많은 사람들이 기독교적인 윤리관에 맞추어 생활하고 있기 때문이다.

같은 논리로 무속을 토속 종교로 신앙해 온 우리나라의 문화는 다분히 무속적임을 부정할 수 없을 것이다. 설사 무속 종교가 미신적인 요소를 가지고 있다고 하더라도 그것까지 우리 문화의 한 부분이라고 인정하는 자세가 바람직하다. 그래야만 어떤 요소가 미신적이며 그렇게 된 원인이 무엇인가 하는 문화의 분석과 종합적인 이해가 가능해지기 때문이다.

이 책에서는 되도록 쉽게 무속에 관한 전반적인 이야기를 다루려고 한다. 우리는 전통적인 문화 양식을 끊임없이 버리는 시대에 살고 있다. 무속도 마찬가지여서 오늘의 굿은 오랜 세월 유지되어 온 정형화된 틀을 많이 잃어 버리고 있다. 따라서 이 책에서는 무속 종교의 역사와 전통적인 굿의 내용을 설명하면서 동시에 변화하는 양상도 추적, 그 의미를 해석해 보려고 한다.

무속의 역사

    무속은 무당이라는 사제자가 신에게 신도들의 소원을 빌어 주는 굿이라는 의례를 베풀면서 공동체를 형성하는 종교라고 정의할 수 있다. 무속을 샤머니즘이라고 부르는 사람도 많다. 샤머니즘이란 샤먼이라는 신들린 사람을 중심으로 형성된 시베리아 지방의 신앙 형태인데 우리나라 일부 무당은 샤먼과 매우 유사하고 또 굿에서 신들림의 현상을 중요하게 여기기 때문이다. 그러나 무속은 샤머니즘과 다른 요소도 적지 않게 포함하고 있어서 이 둘을 동일시하거나 무속을 샤머니즘의 한 분파로 넣는 것은 많은 논란점을 가지고 있다고 하겠다.

    무속 종교가 언제부터 이 땅에 존재했는지는 확실하게 말할 수가 없다. 「삼국유사」에 신라 제2대 임금인 남해왕을 치치웅(次次雄)이라고도 불렀는데 이는 속어로 무(巫)의 뜻이라고 적혀 있다. 이에 따르면 우리나라 역사 초기에는 무당이 곧 왕이었던 영화로운 시대도 있었던 모양이다. 그러나 안타깝게도 무(巫)라고 불린 차차웅이 무엇을 어떻게 했다는 기록은 없다. 이런 까닭에 당시의 '무'와 오늘날 '무당'이 같은 종교의 사제자인지 확인할 도리가 없다.

    그러나 「삼국사기」에는 남해왕 3년(기원후 6년)에 처음으로 시조인

박혁거세의 묘를 세우고 제사를 지냈는데 왕의 친누이동생인 아로 (阿老)가 주관하게 하였다는 기록이 보인다. 시조에 대한 제사와 굿을 비교할 근거는 없지만 오늘날 무당의 대부분이 여자인 점을 생각할 때 무속과의 관련성을 추론해 볼 수 있겠다.

가장 무속적인 의례는 신라 진흥왕 때에 시작된 팔관회로서 지금 말로 하면 나라굿이라고 할 수 있다. 국가적인 규모로 거행된 이 행사는 토속신에게 제사하는 것으로 축제의 성격을 지녔다. 팔관회는 고려 때까지 이어졌고 국선(國仙)이라는 일종의 나라 무당이 주관했다.

오늘날의 무속과 가장 비슷한 상황을 보여 주는 기록은 고려 중엽인 12 세기에 들어와서의 일이다. 당시 문인(文人) 이규보는 개성의 늙은 무녀가 굿하는 모습을 묘사한 '노무편'이라는 시를 남겼다. 그 시를 보면 '대들보에 머리가 닿도록 무당이 경중경중 높이 뛰면서 휘파람 소리를 내고 스스로를 제석천이라고 부르면 남녀노소가 그 아래로 구름같이 모여든다'고 묘사했는데 마치 오늘날 신들린 무당이 굿하는 모습을 그린 것 같다. 이 자료를 통해 적어도 12 세기에는 오늘까지 전승되고 있는 무당굿의 틀이 어느 정도 짜여졌다는 사실을 알 수 있다.

그러나 동시에 이 기록은 이미 무속이 지배 계층에게 기피의 대상이 되고 밀려나는 모습을 보여 주는 것이기도 하다. '노무편'은 유학자인 이규보가 늙은 무당이 당시 수도인 송도 성 밖으로 쫓겨나게 된 것을 기뻐하면서 비판적인 안목으로 쓴 시이기 때문이다. 이규보는 유학자답게 제석천이 하늘에 계시지 어찌 누추한 늙은 무당 집에 있겠느냐면서 굿판에 몰려든 사람들을 어리석다고 비판했다.

기록은 빈약하지만 무속 종교는 이 땅에 가장 오래 전부터 있어 온 토착 신앙이다. 그러나 우리나라는 삼국 시대 때부터 통치자들의 손으로 불교, 유교, 도교 같은 외래 종교들이 수입되었다. 이러한 종교들은 국가적인 차원에서 지배 이념으로 수입되었고 일반 사람들에게 신앙이 강요되었다. 특히 대개의 지배 계층은 불교 신앙을 강력히 권유하였는데 신라 이차돈의 죽음은 무속으로 짐작되는 토속 신앙의 반발이 얼마나 심했던가를 보여 주는 한 증거가 된다.

무속은 우리 역사의 초반부에서 이미 지배 계층에게 밀려나고 말았다. 그러나 서민들은 여전히 굿을 통해 종교적인 심성을 유지해 왔다. 조선조에 들어와 그나마 명맥을 유지하던 팔관회가 중단되면서 무속은 완전히 지배 이념과는 유리되는 서민들의 종교로 정착하게 된다.

조선조가 통치 이념으로 삼은 유교는 관념적이고 형식을 중시했기 때문에 현실적이고 충동적인 무속과는 처음부터 융화될 수가 없었다. 그동안 무속은 신단에 부처를 모시는 따위로 불교의 외양을 받아들이면서 자신의 세계를 유지해 왔었는데 공자나 맹자의 신단을 꾸밀 수는 없었던 것이다. 그 결과 무당은 천민으로 떨어지고 도성 안에서 살 수 없게 되었으며 사대부 계층에게는 접해서는 안 될 금기가 되었다. 하지만 뿌리 깊은 신앙심을 없앨 수는 없었기에 무당들은 무포(巫布)라는 세금을 바치면서 직업적인 사제자로서의 지위를 보장받았다.

조선조에 들어와 나라굿은 없어졌지만 마을 단위로 하는 공동체 굿은 여전히 성했다. 무당을 불러 굿하는 것은 낭비이니 유교식 제사로 대치하라는 나라의 압력이 있었지만 주민 대표 몇명이 모여 축문을 읽고 조용히 지내는 제사는 서민들의 삶의 방식과는 맞지 않는 것이었다. 그래서 서민들은 정초나 봄, 가을이 되면 변함없이 당골무당을 불러 걸진 굿판을 벌이고 한바탕 잔치 놀이를 통해 마을의 평안과 생업의 번영을 빌었다. 사람이 죽으면 저승으로 천도하기 위해 굿을 했고 몸이 아파도 무당을 찾아갔다. 무속 종교는 국가의 지배 이념과는 달랐지만 여전히 일반 시민들에게 가장 중요한 신앙이요, 위로였으며 또 오락이기도 했던 것이다.

무속이 미신으로 규정되고 조직적인 탄압을 받게 된 것은 일제 시대의 일이다. 일본은 이 땅을 식민지로 만들면서 정치, 경제적인 측면에서뿐만이 아니라 문화와 민족 정신까지 없애려는 조선혼 말살 정책을 폈다. 이를 수행하기 위해 일본은 식민 통치 초기부터 조선 문화 특히 민속 문화에 관한 폭넓은 연구를 치밀하게 했다. 조선 총독부 주관으로 이루어진 일련의 조사 작업을 통해 일본은 무속 종교가 우리나라 사람의 삶을 지배하는 중요한 요소임을 발견하게 되었다.

일본은 조선 문화는 무엇이든지 보잘것없고 수치스러운 것이고 일본 문화는 우월하다는 것을 치밀하게 교육시켜 조선 민족의 자존심을 짓밟고 긍지를 밟게 하는 정책을 폈다. 무속 신앙은 가장 중요한 탄압의 대상이 되었고 그 중에서도 공동체를 형성하고 유지하는 장치 역할을 해 온 마을굿을 철저히 막았다. 수많은 당이 부서졌고 굿은 일종의 범죄 행위가 되어 굿을 하다가도 일본 헌병이 오면 작파하고 도망쳐야 하는 실정이었다.

그러나 여전히 무속 종교는 살아남았다. 고통이 많았던 시대였기 때문에 위로가 필요했고 그래서 굿은 더 없어질 수가 없었다. 하지만 이 때 심어진 미신이라는 관념 또한 끈질기게 살아남아 지금까지 우리를 지배하고 있는 것이다.

해방 후에도 무속에 관한 한 사정은 별로 나아지지 않았다. 육이오 전쟁과 남북 분단은 전통적인 삶의 양식을 여지없이 파괴했고 지연(地緣)을 기반으로 했던 마을굿의 쇠퇴를 가져왔다. 반면에 가정의 길복을 기원하는 축소된 개인 단위의 신앙이 성하기 시작했다.

사회가 급속히 근대화, 도시화되면서 마을굿은 더 위축되었는데 여기에 박차를 가한 것이 칠십년대 새마을 운동이다. 일제가 민족 문화 말살 정책의 하나로 만들었던 미신 타파가 새마을 운동의 중요한 과제로 다시 등장한 것이다. 옛날처럼 크게 모시지는 않아도 정신적인 구심점으로 남아 있던 당집은 잘 사는 우리 마을을 건설하겠다는 주민들의 의지 아래 여지없이 부서졌다.

더군다나 굿을 하는 것은 노골적으로 정부 시책에 역행하는 행위로 인식되었기 때문에 정초 때면 으레 온 마을을 울리던 징과 장구소리마저 자취를 감추게 되었다.

오늘날, 주민들을 단결시키고 하나의 공동체로 묶는 기능을 했던 마을굿은 거의 사라졌다. 동해안을 끼고 있는 일부 지역과 제주도에서 미약하게 전승되는 정도이다. 대신에 개인 길복 위주의 굿이 성행하고 있음은 무속이 나라굿에서 마을굿 그리고 이제는 이기적인 목적을 지닌 개인 단위의 굿으로 변하고 있음을 보여 주는 것이라 하겠다.

누가 무당인가?

무당들이 가장 화가 났을 때에 하는 악담이 있다.

"니네 집안에 무당이나 나와라!"

스스로 자신이 가장 밑바닥 인생임을 고백하는 이 한마디의 저주는 무당의 뼈아픈 고통을 단적으로 나타내 준다. 자신을 향해 피맺힌 저주를 뱉을 수 있는 무당은 도대체 누구일까?

평범한 사람이 무당을 이해하기는 쉽지 않다. 그들은 완전히 신도 아니고 또 일반 사람도 될 수 없는 중간적인 존재이다. 그러나 양자를 포용하고 조화시키기보다는 둘 사이에서 찢겨 고통을 당하는 경우가 대부분이다.

사람들은 대개 무당을 일반 사람들과 다르게 취급하기 때문에 그들의 인간적인 아픔에 대해서도 무관심하다. 무당을 천하게 여기고 경멸해서 그럴 수도 있지만 그와 반대로 매우 신비한 존재로 미화시켜 보기 때문에 역시 그럴 수도 있다. 평소에는 거리를 두고 지내다가 급한 일을 당할 때나 무당을 찾는 것이 보통 사람들의 태도이다. 그들에게 무당은 이 땅에 함께 사는 이웃으로가 아니라 단지 하나의 기능으로서 존재하는 것이다. 무당이 과연 어떤 존재인가에 대한 이해를 돕기 위하여 구체적인 사례를 들어보기로 한다.

큰무당 김금화 이야기

　김금화는 황해도 옹진군 흥미면 괴암리에서 태어나 황해도굿을 하고 있는 무당이다. 올해 쉰여덟, 열여섯 살에 신이 내려 무당이 되었다. 김금화의 외할머니 김천일은 아들을 낳으려고 산기도를 다니다가 신이 들린 무당이었다. 할아버지의 극심한 반대에도 불구하고 팔자를 이기지 못하여 큰무당이 되었다고 한다. 무당의 딸이 된 김금화의 어머니는 정상적인 결혼을 할 수 없어서 아들 없는 집의 후처가 되었다. 그러나 바라던 아들 대신 둘째 딸로 태어난 김금화의 어린 시절은 배고픔과 버려짐의 연속이었다. 넘새라는 아명 덕인지 사내 동생을 보았고 김금화는 그 동생을 돌보며 어린 시절을 보냈다.

　외할머니는 넘새를 유난히 미워했다고 한다. 동생을 업고 굿판을 기웃거릴라 치면 그 때마다 '저 년 쫓아내라'는 할머니의 호령에 떡 한 조각 못 얻어먹고 쫓겨나야 했다. 열한 살 무렵부터 김금화는 시름시름 앓기 시작했다. 이유없이 옆구리가 결리고 가끔 피를 토했지만 어려운 살림에 병원에 다니거나 어디가 어떻게 되어 아픈 것인지 알아볼 여유조차 없었다.

　열세 살 되던 해에 아버지가 돌아가시자 가난에 숨이 찬 어머니는 입이라도 던다고 김금화를 이웃 마을에 시집 보냈다. 어린 김금화는 네 살 위인 남편과 시집 식구들이 그저 무섭기만 했다. 이듬해 가을, 추수가 끝나고 친정에 들렀다가 마을 전체에 돈 염병에 설리고 말았다. 간신히 목숨만 건져 겨울을 나고 시집에 돌아왔을 때 김금화는 병에 지치고 먹지 못해 몸이 허약해져 있었다.

　시골 살림의 밑천은 억척스럽게 일하는 튼튼한 며느리이다. 물동이 하나 머리에 변변히 이지 못하는 김금화가 시어머니 눈에 찰 리가 없었다. 시어머니는 걸핏하면 매를 들었고 매에 견디다 못한 김금화가 친정으로 도망오면 어머니는 죽어도 시집 귀신이 되라고 쫓아내었다. 기아와 공포 속에서 정신마저 흐릿해진 김금화는 결국 열여섯 살 가을에 시집에서 쫓겨나고 말았다.

그 때부터 김금화의 환각이 심해졌다. 한참 추수철이어서 수수나 조를 베는 일을 하는데 시퍼렇게 간 낫만 보면 매달리고 싶어서 친구들에게 잡고 있으라 이르고는 그것을 타고 춤을 추었다. 잠만 들면 커다란 호랑이가 허리를 물어 꼼짝할 수가 없었고 꿈마다 할아버지가 말을 타고 내려왔다. 길에서 사람을 만나면 가끔씩 저도 모르게 앞날을 짚어 주는 말이 입 밖으로 나오기도 했다.

열일곱 살 정월에 드디어 외할머니의 호출이 있었다.

"네 년이 뭐 아는 소리 하고 다닌다고? 당장 그만두고 썩 나가라."

불호령이 대단했다. 풀이 죽어 집으로 돌아와 자는데 신새벽에 사람이 찾아왔다. 할머니가 밤새 죽도록 앓고 있다는 것이었다. 가 보니 천식이 심한 할머니는 이불에 머리를 박은 채 꼼짝을 못하고 앉아 있었다. 김금화가 정화수를 떠놓고 빌으니 조금 나았다.

할머니는 장구를 잡았다. "어디 춤 한번 춰봐라. 꼴 좀 보자." 김금화는 할머니 앞에서 춤을 추게 되었다. 춤을 추는데 갑자기 장구 소리가 하나도 들리지 않고 무엇을 어떻게 하는지 스스로 알 수가 없었다. 갑자기 춤을 멈추고 그녀는 냅다 소리를 질렀다.

"인적으로나 할머니 손녀지, 신으로도 그러하냐? 나올려는 신명을 왜 늙은이가 몇몇 해 깔고 앉아서 방해를 하느냐. 괘씸하다."

할머니는 두 손을 비비면서 빌었다.

"미련한 인간이, 화식하는 인간이 몰라서 그랬습니다."

그 길로 김금화는 치마를 부여잡고 걸립을 나갔다. 처음 신이 내리면 마을을 돌아다니면서 마음에 끌리는 집을 찾아가 점을 쳐주고 쌀이며 유기 따위를 받아오는데 이를 '초마걸립'이라고 한다. 첫집에서 시렁에 얹혀 있는 아홉 해 된 밥주걱을 내놓으면 아들 병이 낫겠다고 했는데 그 뒤로 아들 병이 나았음은 물론이다.

무슨 싹을 보았던지 어려서부터 김금화를 걱정하여 호령하던 할머니는 결국 그녀의 신에게 굴복하고 말았다. 그리고 스스로 손녀딸의 내림굿을 해 주었다. 기왕이면 큰무당이 되라는 기원을 수없이 되풀이하면서.

내림굿을 하자 그동안 김금화를 괴롭히던 병은 씻은 듯이 나았다. 그녀는 시집에서 못 살고 쫓겨난 버림받은 여인에서 남의 병 고쳐 주고 자른 명 이어 주는 무당이라는 존재로 새롭게 태어난 것이다. 아직 무당이라는 팔자의 심각성을 깨닫지 못한 김금화는 본격적으로 굿을 배우는데 모든 정성을 기울였다. 할머니의 나이가 많아 굿은 다른 큰무당들에게서 배웠다.

해남면 버르대의 안만신에게서 두 해 그리고 관(官)에서 굿을 했다 하여 관만신으로 불리던 권씨에게서 세 해를 배운 뒤에 열아홉 살부터는 대동굿(마을굿)의 경관만신(主巫)이 될 만큼 급성장을 보였다. 만신 수업은 상당히 엄격해서 가장 먼저 신복을 개는 일부터 배웠다. 반드시 옷깃을 세워 개키게 했고 그 다음에는 선생 만신이 굿을 할 때 방울 흔드는 일을 배웠다. 선생 만신이 굿을 할 때는 으레 쫓아가서 뒷수발을 들면서 조금씩 무가를 외고 굿을 익혔다. 차분히 데리고 앉아서 일러 주는 일은 거의 없었고 눈치로 배우는 게 오히려 제길인 듯 싶었다.

김금화는 예쁘고 영리하고 재지있어 곧 해수 지역에서 이름을 날리는 큰무당이 되었다. 그러나 그것도 잠깐, 육이오 전쟁이 터졌다. 먹고 사는 일이 급급한데 굿이 있을 리 없어 굶주림도 면키 어려웠지만 남들아 다 하는 고생이라 버티어 낼 수 있었다. 대개의 황해도 사람들처럼 김금화와 친정 식구들은 인천에 자리를 잡았다. 전쟁이 끝난 뒤에는 점 치고 가끔씩 굿도 해가며 그럭저럭 밥 먹고 살게끔 되었다.

김금화가 무당이라는 자신의 직업이 사회에서 어떤 위치에 있는가를 아프게 깨닫게 된 동기는 스물다섯 살에 만난 한 남자 때문이었다. 그 당시 월남하여 무척 어렵게 살던 그 남자는 대학에서 법학을 전공하다가 중퇴했다. 절반은 굶고 절반은 얻어먹으며 사는 모습이 가엾어서 쌀도 사주고 용돈도 가끔 주었다. 몇달이 지나자 남자는 청혼을 해 왔다. 어림없는 일이라고 거절하고 자신의 신분을 밝혔지만 남자의 구혼은 집요했다. 마음이 흔들린 김금화는 어머니에게 의논을 했다. 무당의 딸로 태어나 무당 딸을 둔 어머니는 누구보다도 무당의 처지를 잘 알고 있었다.

어머니는 안 될 말이라고 잘랐다. 물에 빠진 사람이 엄나무가지 휘어잡는 거란다. 그 순간에는 다급한 마음에 가시 많은 엄나무가지라도 붙들지 모르지만 뭍에 오르면 결국 통증을 느끼고 손을 놓게 된다는 말이었다. 하지만 김금화는 일곱 달 뒤에 그 남자와 결혼했다. 설마 이 남자가 나를 배신하랴. 결혼한 뒤에 배신한다면 그거야 운명이지 어찌하겠는가.

살림이 안정되는데 다섯 해가 넘게 걸렸다. 그리고 안정되자 남자는 바람이 났다. 무당하고는 살 수 없다며 집에 들어오지 않는 것이었다. 결혼할 때에는 무당이 무엇인지 몰랐는데 그 의미를 안 이상 도저히 살 수 없다고 막무가내였다. 둘 사이에 태어난 아들도 남자의 마음을 돌리는 데에는 아무 도움이 되지 못했다.

김금화의 두번째 결혼은 열 해 동안 계속되었지만 일단 뭍에 올라온 남자는 더 이상 무당 남편이라는 가시를 손에 쥐려고 하지 않았다. 결국 김금화로서는 단념하는 수밖에 다른 도리가 없었다. 무당이기에 남편을 잃은 것이다.

몇번이고 죽음의 길을 생각했다. 얼마 후 집안의 대들보인 남동생이 사남매를 남겨 놓고 급성폐렴으로 덜컥 죽었다. 남을 돕고 병을 고친다는 무당이 피붙이 동생을 죽인 것이다. 그 때 김금화는 남편을

잊었다. 남편의 배신이 준 아픔은 동생의 죽음에 견주면 바늘에 손가락을 찔린 격이었다.

아들과 동생이 남긴 사남매 그리고 어머니를 모시고 사는 어려운 살림이 시작되었다. 빈민에게 주는 구호 밀가루로 허기를 때우고 추운 방에서 서로 부둥켜안고 새우잠을 자며 아이들을 길렀다. 가장 막중한 책임이 지워진 힘든 시기였다. 그러나 김금화에게는 동시에 새로운 희망이 생기고 그 희망을 키워간 소중한 시간이기도 했다.

탈춤을 추는 동향 사람이 찾아와서 전국민속예술경연대회에 출전해 보지 않겠느냐고 제의를 해 왔다. 김금화는 두 눈이 번쩍 뜨이는 것 같았다. 굿하는 무당이라고 해서 억울하게 이혼 당하고 지금껏 수모를 받으며 살고 있는데 이것이 예술로서 인정을 받을 수 있다니, 세상이 달리 보였다.

누군들 내가 무당이라는 것을 모르느냐. 어차피 이것이 내 팔자인걸. 거꾸로 잘 살려서 나는 세상의 인정을 한번 받아 보겠다. 무당이 뭐가 잘났다고 그걸 공포하고 텔레비전에 나가느냐고 동료 무당들이 쑥덕거렸지만 김금화는 용감하게 나섰다. 해마다 민속예술경연대회에 나가 굿도 하고 다른 공연도 거들어 주며 자리를 잡아가다가 드디어 1974년 '해주 장군굿놀이'로 출전하여 개인연기상을 수상하게 되었다.

김금화는 차차 학자들 사이에서 유명한 무당이 되었다. 대부분의 강신무들이 신분 노출을 꺼려 소사에 살 응하시 않는 네 만해 심남와는 적극적으로 협조해 주었기 때문이다. 무당으로서 김금화가 지닌 기량 또한 탁월하여 학자뿐 아니라 일반인들 사이에서도 황해도굿 하면 으레 김금화를 연상할 만큼 이름이 나게 되었다.

황해도굿의 모습을 알리기 위해 김금화는 수차례에 걸쳐 무대 공연도 하고 텔레비전에도 출연하였다. 그 결과 1982년에는 한미수교 100주년 기념 문화사절단으로 두 달에 걸친 미국 공연을 하게 되었다. 다시 세계인류학대회 심포지움 참가차 뉴욕을 방문했고 그 다음 해에는 하와이 대학 초청으로 미국 출입을 빈번히 하기에 이르렀다.

1983년 여름부터 인천에서 서해안 풍어제라는 이름으로 황해도 대동굿과 배연신굿을 시작했다. 비록 고향 땅에 다시 갈 수는 없지만 실로 서른 해 만에 고향 사람들이 모여 굿판을 벌이는 자리가 마련된 것이다. 화수 부두, 연안 부두, 소래 포구 등에서 굿을 해 오던 가운데 김금화는 1984년 2월, 무형문화재 제82호 서해안 풍어제 기능보유자로 지정되어 인간문화재가 되었다. 무당으로서는 최고의 사회적인 지위를 획득한 셈이다. 김금화는 많은 아픔을 딛고 무당이라는 자신의 운명을 적극적으로 수용함으로써 새로운 자신의 위치를 만들어내는 데 성공하여 이 시대의 큰무당이 된 것이다.

무당의 종류

무속 종교는 무당이라는 사제자가 없으면 존재할 수가 없다. 모든 종교가 그러하듯 무당은 전문적으로 신에게 봉사하고 신과 일반사람들 사이의 통로가 되어 주는 사제자인 것이다. 불교에는 승려가 있고 카톨릭에는 신부가 있으며 개신교에는 목사가 있듯이 무속 종교에는 무당이 있어 굿이라는 예배를 주관한다. 그런데 무당이 의례를 집행하는 방법은 다른 종교 사제자들과 견주어 좀 특이하다. 무(巫)라는 한자는 춤추는 사람의 소매 모양을 본떠서 만들었다고 한다. 곧 무당은 춤과 노래로서 신에게 예배드리는 사람인 것이다.

우리나라의 무당은 대개 지역에 따라 두 종류로 나뉜다. 흔히 무당하면 신이 들린 사람을 생각하지만 그와 성격이 전혀 다른 종류의 무당도 있다. 신이 들려서 무당이 된 경우에 이를 강신무(降神巫)라고 하고 또 하나는 당골이라고 부르는 세습무(世襲巫)이다. 세습무는 신들림의 경험 없이 집안으로 내려오는 무당을 말한다.

이러한 두 종류의 무당은 최근까지 지역적으로 뚜렷이 나뉘어 분포되어 있었다. 강신무는 한강 이북 태백산맥 서쪽 지역권의 무당이다. 곧 서울을 포함한 경기도, 황해도, 평안도, 함경도의 지역 그리고 강원도 영서 지역에서는 강신무들이 활동을 했다. 그런가 하면 수원, 인천을 비롯하여 한강 이남의 경기도, 충청도, 전라도, 경상도 그리고 동해안을 낀 강원도 지역은 세습무권에 속한다. 특히 동해안에서는 세습무들이 함경도 원산까지 올라가 굿을 했다고 한다. 제주도에는 세습무와 강신무가 모두 존재하는데 점을 치는 무구(巫具, 신칼, 요령, 산판)를 중시하여 무당의 조상으로 모신다는 점이 특이하다.

강신무와 세습무는 무당이 되는 과정이 서로 다르기 때문에 의례 방법에서도 차이를 보인다. 그러나 사회적인 위치와 기능은 거의 비슷하다.

강신무

김금화는 전형적인 강신무이고 그 중에서도 성공한 큰무당이다. 그녀가 지금까지 살아온 삶은 무당이 되는 과정, 무당이 겪어야 할 사회적인 아픔 그리고 그것을 극복하기까지의 정신적인 고통과 인내를 소상히 보여 주고 있다.

강신무는 신병(神病) 혹은 무병(巫病)을 앓고 무당이 된다. 신에게서 무당으로 선택받은 사람은 그 징조로서 앓게 되는 것이다. 신병의 증상은 대개 제대로 먹지 못하고 잠자지 못하며 징이나 장구 소리 같은 환청을 듣고 산신령의 환영을 보는 따위의 일종의 정신병과 비슷하다. 그러나 졸지에 장님이 된다든지 앉은뱅이가 되는 따위의 신체적인 불구로 나타나는 경우도 있다. 뿐만 아니라 육체적인 질병과 함께 극심한 가난, 가족의 죽음, 가정의 파탄으로 신병의 증세를 심

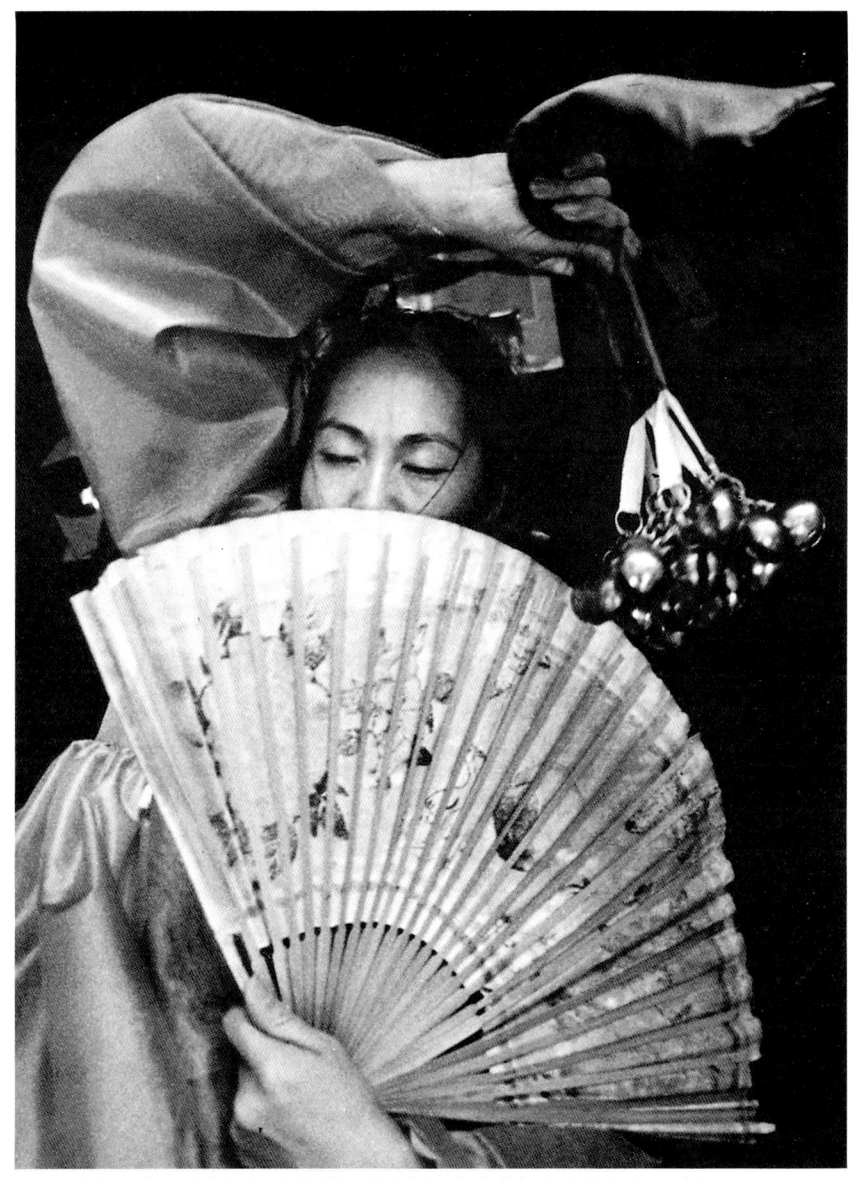

부채, 방울 따위를 신어머니로부터 받은 채희아가 새 만신이 되어 춤을 추고 있다.

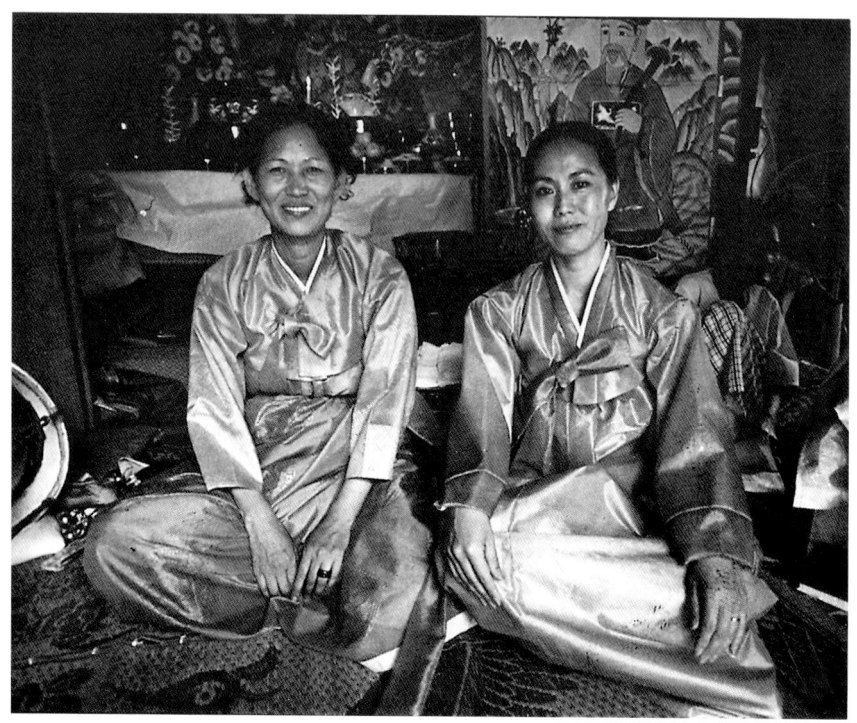

하게 만드는 예도 많다.

신병의 특징은 의학적인 처방으로는 별 효험이 없다는 것이다. 이러한 병은 짧게는 몇 달에 그칠 수도 있지만 몇 년, 심하면 삼사십년 동안 계속되기도 힌다. 약국이나 병원을 찾아다니나가 살아날 가망이 안 보이면 우리나라 사람들은 대부분 마지막으로 점장이를 찾아간다. 그리고 여기서 점장이에 의해 신병의 여부가 가려지게 된다. 예사 병이 아니고 무당이 되어야 날 병이라는 점괘가 나오는 것이다.

신병임이 알려지면 당사자는 선택을 해야 한다. 사회적인 멸시의 대상인 무당이 될 것인가, 아니면 평생 동안 죽을 고생을 하면서 환자로 지낼 것인가. 만일 무당으로서의 운명을 받아들이고 입무의례(入巫儀禮)인 내림굿을 하면 환자의 병은 씻은 듯이 낫게 된다. 그것이 바로 신병의 특징이다.

김금화의 경우, 신병의 증세가 완연했지만 외할머니는 무당이 되는 길을 끝까지 막으려고 했다. 무당인 할머니가 손녀의 증세를 몰랐을 리가 없다. 그러나 무당 팔자의 기박함을 더 절실하게 알기에 애써 누르려고 해 본 것뿐이다. 인간의 힘으로 신의 선택을 막을 수 없음을 깨달은 할머니는 결국 손녀 김금화의 내림굿을 해 주게 된다.

하지만 내림굿을 했다고 해서 그날부터 바로 무당이 되는 것은 아니다. 무당은 바로 사제자이기 때문에 굿이라는 의례를 주제할 수 있어야 한다. 굿은 종류도 다양하고 매우 복잡한 의례이어서 적어도 서너 해 동안 굿판을 따라다니면서 학습을 해야 한다. 그러나 신들린 사람이 내림굿을 받으면 '말문을 연다'고 해서 예언을 하는 능력을 갖게 된다. 따라서 굿하는 법을 익히지 않아도 내림굿만 받으면 점쟁이는 될 수 있다. 점쟁이 가운데에는 간단한 푸닥거리를 겸하는 사람이 많은데 이들은 돌팔이 무당 또는 선무당이라고 불러 정식으로 굿을 학습한 무당과 구분한다.

학술적으로 볼 때 신병은 남녀노소, 빈부귀천에 상관없이 누구나 걸릴 수 있다. 부잣집 딸이 갑자기 신들릴 수도 있고 열 살도 안 된 아이가 무당이 되는 경우도 간혹 있으며 환갑이 넘은 할머니가 오랜 병 끝에 무당이 되기도 한다. 남자가 무당이 되면 특별히 박수라고 부른다. 그러나 대개의 강신무는 여자, 그 가운데서도 가난한 집안의 부녀자인 경우가 가장 많다. 극심한 경제적인 고통과 더불어 자식의 죽음, 남편의 외도, 가정 파탄 같은 인간으로서 감당하기 어려운 상황 속에서 심리적인 고통에 몹시 시달려온 여인들이 신병에 잘 걸리는 것이다. 남녀 차별은 가난한 서민 층에서 그 정도가 더 심하다. 신병은 막중한 노동으로 허약해진 육체에 경제적, 심리적인 억눌림이 더해서 환경도 중요한 원인이 되는 것으로 보인다. 구체적인 조사는 되어 있지 않지만 어려서부터 무속 문화와 접하고 자란 사람이 신병에 걸릴 확률이 높은 것 같다. 김금화의 경우가 보여 주듯이 무당 중에는 멀지 않은 친척 가운데 무당이 있는 경우가 흔하게 나타난다.

신병에 걸린 환자와 내림굿을 하여 사제자가 된 무당과는 실로 하늘과 땅만한 차이가 있다고 하겠다. 신병을 앓고 있는 사람은 한낱 미친 사람에 지나지 않는다. 자신의 고통을 이겨내지 못한 채 미친 상태에서 방황하고 있는 그들은 가족의 근심이요, 짐일 따름이다. 그러나 자신의 병을 무속 신앙에 의지하여 극복해 내었을 때 그의 지위는 크게 달라진다. 그는 사제자로서 과거의 자기처럼 가난하고 병든 사람의 고통을 덜어 주고 위로해 줄 수 있는 존재로 탈바꿈하게 된다. 그러나 일단 무당이 되고 나면 사회적인 멸시 때문에 또 다른 치명적인 병을 앓게 되는 것은 이미 김금화의 사례에서 살펴본 대로이다.

세습무

굳이 신의 선택이라고까지는 말하지 않는다고 하더라도 무당이라는 직업을 운명으로 받아들일 수밖에 없다는 점에서는 세습무도 강신무와 다르지 않다. 그들은 신들림이라는 병리적인 현상 없이 혈통으로 내려오는 무당이지만 사회적인 제도 때문에 자신의 신분을 바꿀 수가 없었다. 세습무는 세습무 집안끼리만 혼인할 수 있었는데 여자는 굿을 배우고 남자는 굿 음악을 반주하는 악사로서의 기예를 닦았다.

세습무란 당골, 무녀, 무당각시로 불리는 여자만이 사제자인 무당이라고 볼 수 있어 강신무권과 차이를 보인다. 지역에 따라 광대, 사니, 화랭이, 양중, 창우, 재인 같은 다양한 이름을 갖는 남자는 간혹 굿 가운데에서 염불이나 여흥적인 놀이를 맡기도 하지만 대개 악사

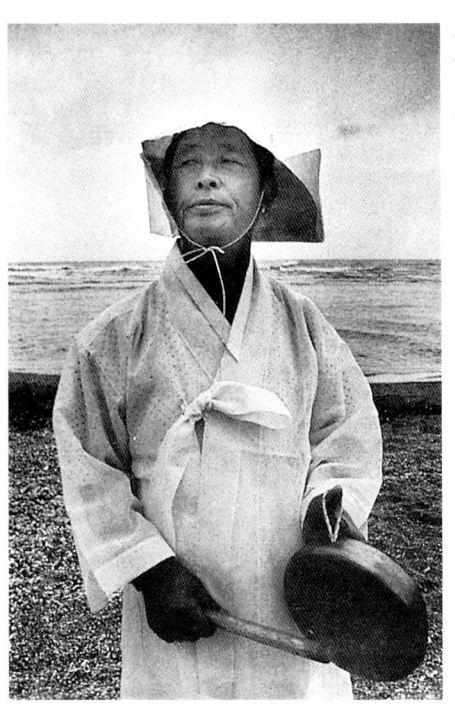

김석출. 동해안의 유명한 세습무가 출신인 양중이다.(위) 양중이 망자의 극락천도를 비는 염불을 하고 있다.(아래)

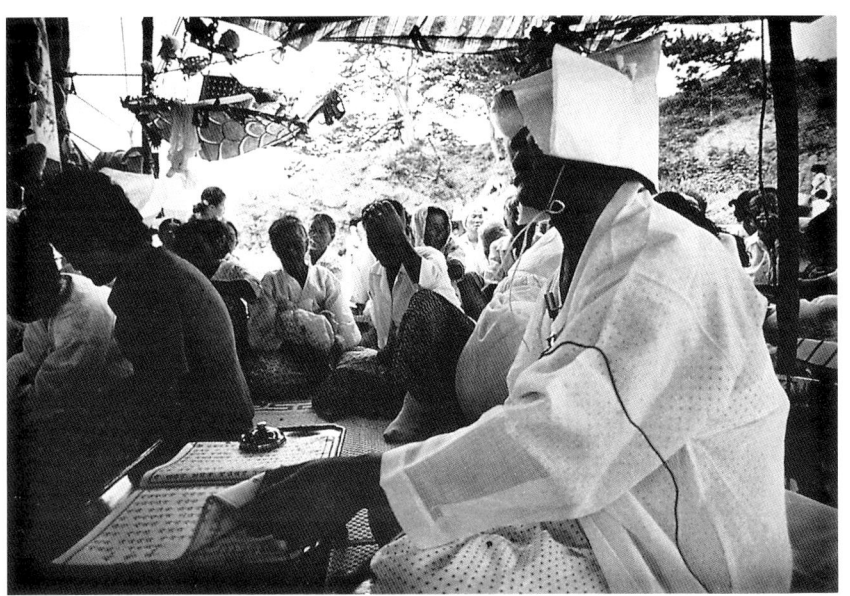

로서의 기능이 더 중시되기 때문이다.

세습무가의 여자라고 해도 대개 처녀 때는 굿을 하지 않다가 혼인을 한 뒤에야 시어머니에게서 굿을 익혔다. 지역에 따라 굿하는 법이 조금씩 다르기 때문에 자신이 오랫 동안 살게 될 곳의 굿을 배웠던 것이다. 세습무는 일정한 지역의 마을을 자신의 독점 영역으로 가지고 있었다. 이를 당골판이라고 하는데 무당과 당골판에 사는 주민들 사이에는 일종의 계약이 성립되어 있었다. 곧 당골판에 사는 사람들은 누구나 의무적으로 봄, 가을에 세습무에게 정해진 곡식을 주어야 하고 이것은 아무리 가난한 집도 예외일 수 없었다. 한편 무당은 필요할 때 그 마을 자체의 굿과 주민들의 개인적인 굿을 맡아서 해 줄 의무를 가지고 있었다.

세습무와 당골판의 계약도 엄격한 것이어서 그 마을 사람들은 다른 지역의 무당에게 굿을 맡길 수 없었다. 제 지역이 아닌 곳에서 굿을 해 주면 그 무당은 '신청'이라는 일종의 무당 조합으로부터 굿을 못하게 하는 따위의 징계를 받게 되고 벌금을 내야 했다. 이러한 계약을 통해 세습무들은 그들의 생계를 보장받았다. 만일 이사를 가게 되면 다른 세습무에게 자신의 당골판을 돈을 받고 팔기도 했다. 세습무권에서 신들린 사람은 굿을 하는 무당이 될 수 없고 다만 점쟁이로 살아야 했다.

사제자로서의 무당

강신무와 세습무는 굿하는 방법에서 큰 차이를 보인다. 강신무는 굿하는 도중 스스로 신이 들려 신격화된다. 신이 따라온다고 믿는 여러 종류의 화려한 무복을 입고 부채, 방울, 신칼 같은 무구를 들고 추는 춤을 통해서 강신무는 자신의 몸에 신을 실리는 것이다. 무당이 신이 되어 인간에게 내리는 말씀을 '공수'라고 하는데 이는 일종의 신탁이라고 하겠다.

사람들은 강신무 굿에서 공수를 대단히 중요하게 여기고 신통력이 있는 것으로 믿는다. 강신무들은 날카롭게 간 작두 칼날 위에 올라서거나 무거운 떡시루를 입술로 무는 따위의 묘기를 보여 준다. 때로는 삼지창을 거꾸로 세우고 그 위에 쇠머리나 통돼지를 올려 놓고는 중심을 잘 잡아 손으로 '탁탁' 쳐도 넘어지지 않는 장면을 보여 주기도 한다. 이러한 묘기들은 모두 신이 굿판에 강림해 있음을 증명해 보이기 위한 행위이다. 신의 도움이 없다면 어떻게 인간이 이런 일을 할 수 있겠느냐는 과시인 셈이다. 신들림의 경지는 강신무의 능력을 평가하는 데 중요한 기준이기 때문에 이런 신기한 묘기를 잘 부릴수록 평판이 좋아진다.

그러나 세습무의 능력은 전혀 다른 기준에서 평가된다. 그들은 신들리지 않는다. 단지 춤과 노래를 통해 신을 기쁘게 하고 신에게 인간의 소원을 대신 빌어 주는 역할을 할 뿐이다. 세습무의 가장 중요한 기능은 의례를 집행하는 것이다. 이런 점에서 세습무는 강신무보다 목사나 신부, 승려 들과 비슷한 자리에 선다고 하겠다.

하지만 세습무의 굿은 상당히 예술적으로 세련되어 있다. 전라도나 경기도, 충청도의 무속 음악은 시나위권에 속하는데 가장 수준 높은 민속 음악이라고 하겠다. 특히 동해안 지역의 양중들은 꽹과리, 징, 장구 같은 타악기를 다루는 솜씨가 뛰어나다. 무당들의 춤사위 또한 다양하여 우리나라 민속춤의 한 부분을 이루고 있다.

수용자가 어느 굿을 진짜 굿이라고 여기느냐 하는 기준은 지역성을 따라가게 된다. 세습권에서 세습무의 굿을 보는 사람들은 그들이 공수를 주지 않고 작두날 위에 올라가는 신기한 행동을 하지 않는다고 불평하지 않는다. 오히려 그러한 굿은 요란스럽기만 할 뿐 싱겁고 멋이 없다고 싫어하는 경향이 있다. 무당의 목이 좋아 소리를 잘 하고 축원, 덕담의 내용이 풍부하며 춤을 멋들어지게 추어야 잘 하는 무당이 되는 것이다. 이처럼 무당에게 기대하는 능력은 강신무와 세습무가 전승되는 지역에 따라 크게 다르다.

사제자로서 무당은 매우 독특한 성격을 가지고 있다. 곧 무당은 일반적인 사제자들과 달리 무척 세속적이다. 도가 높은 스님은 세상과 인연을 끊고 깊은 산 속에 있는 절에 박혀서 고행을 한다. 신부들도 수도원에 들어가서 속세와 떨어져 수련을 받는다. 이들은 결혼하지 않음으로써 결정적으로 세속의 일상적인 삶을 부정한다. 가장 세속화되었다는 목사의 경우에도 어느 정도 세상 물정을 모르는 편이 오히려 순수함으로 높이 평가받고 있다.

그러나 무당은 가장 밑바닥 삶을 살아가는 서민으로서 세속의 풍파를 몸소 겪어내는 사제자이다. 이들은 따돌림을 받으면서도 사람들과 부대끼며 일상적인 삶의 희노애락을 절절히 체험하면서 살아간다. 평소에 사람들은 무당을 경원한다. 그러나 삶에 문제가 생겨서 신의 도움이 필요할 때에는 무당을 찾는다. 무당은 스스로 가장 낮은 자리에서 모든 사람을 섬기는 사제자라고도 할 수 있다. 그들은 자신의 체험을 통해 서민들의 아픔을 받아들이고 고통을 나누는데 바로 이러한 힘이 오랜 세월 무속을 서민의 종교로 유지시킨 원동력인 것이다.

하지만 누구도 무당이 되고 싶어서 되는 사람은 없다. 강신무든 세습무든 어쩔 수 없어서 무당이 되기는 마찬가지이다. 피할 길만 있었더라면 결코 무당이 되지 않았을 것이다. 이 점에서도 무당은 다른 종교의 사제자들과 크게 다르다. 대개의 종교에서 사제자는 신도들의 존경을 받게 마련이다. 그러나 무당은 거꾸로 경멸의 대상이 된다. 멸시받는 사제자, 이것이 바로 무당이다.

그래서 요즈음은 세습무를 보기가 힘들어졌다. 세습무의 소멸 속도는 해마다 매우 빨라 지금 세대에서 대가 끊길 것으로 보인다. 일제 시대 무렵부터 신분 제도가 무너지면서 당골 조직은 급속히 해체되었다. 더 이상 천대받을 이유가 없고 자식을 위해서라도 그들은 고향을 떠나 직업을 바꾸었다. 결국 우리 시대에서 무속 문화의 중요한 한 현상이 단절되는 현장을 목격하게 되는 것이다.

이렇게 세습무들이 사라져가고 있는 반면 신들린 무당의 수는 기하급수적으로 늘고 있다. 무당들 사이에 요즈음 하는 굿 중에서 둘의 하나는 내림굿이라는 말이 오갈 정도이다. 무당들의 전국적인 조직체라고 할 수 있는 대한승공경신연합회는 우리나라의 무당 수가 1985년 현재 12만 명이라고 밝혔다. 그러나 필자가 1983년에 확인한 정식 등록 숫자는 4만 명이었다. 이 가운데에는 순수하게 역술로 점을 치는 사람이 포함되어 있지 않는 반면 신이 들려 점을 치고 푸닥거리를 하는 선무당이 대종을 이룬다.

선무당은 굿을 할 줄 모르는 사람이니 엄격히 말하면 무당이 아니다. 무당의 기능 중에는 첫째 굿이라는 의례를 행하는 사제 기능이 있고, 예언과 병을 치료하는 기능 그리고 오락적인 기능이 있는데 이들은 이 가운데 예언과 병을 고치는 일에 치중하는 사람들이다.

무속 종교에는 기록된 경전이 없다. 그렇다고 교리가 없는 것은 아니고 단지 그것을 굿을 할 때 무당의 입에서 나오는 신화, 노래가 대신하는 것뿐이다. 지금까지 구전되어 무당에서 무당으로 내려온 이 무가는 지역에 따라 차이가 있지만 모두 익히려면 상당한 시일이 필요할 만큼 분량이 많다.

오랜 세월을 두고 전승된 무가에는 무속 종교의 우주관, 역사관, 인간관 같은 가치 체계가 춤, 노래, 신화, 연극 따위로 녹아져 소박하게 담겨 있다. 그것은 천지개벽이래 주어진 상황 속에서 조상들이 살아온 역사의 투영이며 어려움을 이겨온 삶의 방식이기도 하며 살아갈 방법에 관한 가르침이기도 하다.

따라서 굿을 할 줄 모르는 무당이 늘고 있다는 사실은 무속이 지녀온 가치 체계 중 상당히 많은 부분이 전승되지 못하고 손실될 위험에 처해 있는 상황임을 말해 주는 것이다.

굿의 종류

　무속 종교의 핵심이라고 할 수 있는 무속 의례는 규모에 따라 세 종류로 나뉜다. 가장 간단한 것은 '비손'이다. '손비빔', '비념'이라 고도 하는데 식구 중 먼길 떠난 사람이 무사하게 돌아오기를 기원할 때와 부부 사이가 원만하지 못할 때 많이 행한다. 안방의 웃목이나 장독대에 음식을 차려 놓고 무당이 맨손바닥을 비비면서 객지에서 아무 탈없이 돌아오기를 축원하는 것이다. 간단한 비손은 입담 좋은 주부라면 자기가 직접 할 수도 있다.

　비손보다 규모가 좀 큰 의례로는 고사와 푸닥거리가 있다. 고사는 대개 10월 상달에 추수를 기뻐하면서 하는 것이고 푸닥거리는 집안 에 환자가 생겼다거나 경제 형편이 갑자기 나빠졌을 때 이런 나쁜 일 은 잡귀가 범접한 탓이라고 믿고 잡귀를 쫓아내는 의례이다. 고사니 푸닥거리를 할 때에는 무당이 두어 명 와서 장구나 제금 같은 악기를 울리고 간간이 춤도 추면서 신에게 인간의 소원을 고한다. 그러나 길 어야 서너 시간을 넘지 않는 약식 의례이고 고사는 그나마 규모가 더 작아져서 떡 해놓고 절하는 것으로 대신하는 것이 요즈음 상례가 되 어 버렸다.

　무속 의례 가운데 규모가 크고 중요한 의례는 큰굿 곧 굿이다. 굿은 신에게 바치는 많은 음식과 술, 옷, 지전(紙錢)장식 따위를 벌여 놓고 신을 청하여 신나는 음악 연주에 무당의 춤, 노래, 축원, 촌극, 묘기, 재담 들이 어우러지는 종합적인 의례이다. 다른 종교도 그렇겠지만 무속 종교에서 굿이라는 의례의 내용을 이해하는 일은 매우 중요하다. 왜냐하면 무속은 다른 보편 종교와 달리 경전이나 그 경전을 분석해 놓은 교리책을 따로 가지고 있지 못하기 때문이다.

다만 오랜 세월 입에서 입으로 전승되어 온 무당의 노래를 옮겨 적으면 그것이 곧 경전이요, 그것을 분석하면 교리가 될 수 있다. 굿 속에 무속 종교의 기본적인 요소들이 모두 녹아 있는 것이다.

굿은 기준을 어디에 두느냐 하는 문제가 있지만 굿을 부탁한 사람과 목적에 따라 다음과 같이 분류할 수 있겠다.

첫째는 마을 단위의 굿이다. 해마다 정기적으로 혹은 해를 걸러 혹은 십 년마다 정성을 모아 마을의 수호신을 비롯한 모든 무속의 신들에게 마을의 안녕과 생업의 번영을 비는 굿이다. 이러한 마을굿은 지역에 따라 다양한 이름으로 불리는데 경기, 서울에서는 대동굿, 부군당굿, 도당굿으로 황해도에서는 대동굿으로, 동해안에서는 별신굿으로 불린다. 제주도에는 굿하는 시기에 따라 신과세굿, 영등굿, 마불림굿, 시만국대제 들로 다양하게 있다.

두번째는 개인 단위의 굿이 있다. 곧 가족이 중심이 되어 행하는 집굿으로 이것은 다시 산 사람의 길복을 비는 재수굿과 죽은 사람의 영혼을 저승으로 천도하려는 넋굿으로 나뉜다.

그런데 굿의 목적과 기능은 같은 재수굿이라고 해도 역시 지역에 따라 부르는 이름이 다르다. 서울에서는 정초에는 천신맞이굿, 봄에는 꽃맞이굿, 잎맞이굿이라고 부르고 가을에는 신곡맞이, 단풍맞이라고 부른다. 황해도에서는 철물이굿이라고 하고, 전라도에서는 도신이라고 한다.

넋굿도 마찬가지이다. 경기도, 황해도에서는 진오기굿이라고 하고, 평안도에서는 수왕굿, 다리굿, 함경도에서는 망묵굿이라고 하고 경상도로 가면 오구굿, 밤을 새우고 하는 굿이라고 해서 밤저라고도 부르며 전라도에서는 씻김굿, 제주도에서는 시왕맞이굿이라고 한다.

또 아픈 사람의 치유를 위해서 행하는 병굿이 있다. 잡귀의 침범으로 병이 들었을 때에는 푸닥거리를 하지만 조상을 잘못 모셔서 병이 난 것으로 해석이 될 경우에는 굿을 해야 한다. 따라서 대개의 병굿은 조상의 극락 천도를 비는 넋굿과 겸해지는 수가 많다.

세번째로 강신무 특유의 굿이 있다. 여기에는 신들린 사람이 무당이 되기 위한 내림굿, 일단 무당이 된 뒤에 자기가 모시는 신들에게 바치는 무당의 재수굿이라고 할 수 있는 진적굿이 있다. 세습무는 이러한 신굿을 하지 않는다.

굿의 구조와 의미

굿의 종류가 다양하고 지역에 따른 무당의 성격이 다르다고 해도 굿의 기본 구조는 동일하다. 곧 모든 굿은 청신(請神), 오신(娛神), 송신(送神)의 과정으로 나눌 수 있다. 부정을 물리고 신을 청하는 부분이 청신이고 신을 대접한 뒤, 인간의 소원을 고하고 대답을 들으며 함께 놀이로 즐기는 부분이 오신이다. 그리고 신을 본디 장소로 돌려보내는 과정이 송신이다.

무속 종교에서는 평소 신들이 어디에 거주하는지 좀처럼 알 수가 없다. 흔히 서낭나무, 당산나무라고 부르는 신목(神木)이 마을마다 있고 또 당집이 있기도 하지만 그곳이 곧 신의 거처는 아닌 것같다. 오히려 당나무나 당집은 굿을 할 때 신이 내려오시는 강림처라고 해야 할 것이다.

그런데 굿을 하려면 반드시 신을 청해와야 한다. 신이 어디 계신지는 알 수 없으나 한 가지 분명한 사실은 있다. 무속의 신들은 모두 깨끗한 것을 무척 좋아한다는 것이다. 그래서 무당은 굿의 맨 처음에 굿하는 장소를 깨끗이 하고 준비하는 과정에서 생겼을지도 모르는 부정을 물리는 절차를 행한다. 음식을 준비하는 과정에서 더러운 손으로 만지거나 침이 튄 것도 부정이요, 음흉한 마음으로 굿당을 찾은 사람도 부정이며 최근 죽음을 보거나 피를 본 것도 부정이다.

영정가망으루 부정가망
시위들 하소사.
앉아서 본 부정 서서 들은 부정
눈 드른 부정이요 귀 들은 부정이요.
손으로 만진 부정 입으로 옮긴 부정
네 발 가진 짐승에 살생두 부정이요.
아무개 고을에 수많은 인간이 넘나들제
따라든 부정에 묻어든 부정이요.
마루 넘어오든 부정 재 넘어오든 부정
신실이 적적이 물리쳐 줍소사.

서울 지역에서 전승되는 부정굿 무가의 일부이다. 이처럼 말로 온
갖 부정을 물린 뒤에 무당은 다시 쟀물과 맑은 물을 굿당 여기저기에
뿌려서 굿하는 장소를 정화시킨다. 이렇게 굿당이 깨끗해지면 비로
소 신을 청해 들인다. 무속 종교는 다신교이다. 수많은 신을 모시는
것이다. 무당을 만신(萬神)이라고 부르는 이유는 많은 신을 모시는
존재이기 때문이다. 청배굿에서 무당은 굿에서 모실 모든 신의 이름
을 부르면서 오시기를 청한다. 서울 지역 굿의 일부를 소개한다.

시위들 허소사.
초가망 이가망 삼가망에
양산에 본향가망
성주신 가망에 씨 주신 가망이요.

시위들 허소사.

부리불사는 신에 불사
여불사 할머니 남불사 할아버지
슥자세치도 후대제석 자세치 고깔제석
항아리에 백항제석 바가치루 넌출제석
일곱은 칠성불사님이 인하월 받으시구
정성덕 입히어 주소사.

시위들 허소사.
성주신 본향에 본주신 본향이요.
열두달 곱게 나구 정성덕 입히어 주소사.

시위들 허소사.
안 산은 여덟에 밧산은 열세위요.
일굽지 명산에 제불지 제천으로
으마장군에 백마신령
나라충신에 임장군님
덕물산 최영장군님
한라산 여장군님
오늘날 이 정성 반갑게 받으시구
거문 땅에 흰 백성 명주구 복주실 때
오늘날 이 정성 태산같이 받으시구
아무쪼록 정성덕 입히어 주소사.

씨 주는 가망, 복 주는 제석, 고향 땅에 본향, 명산에는 산신에 이어 조상, 대감, 창부 같은 무속에서 신앙하는 모든 신들을 청해 들이는 것이다. 이렇게 신을 모셔 굿당에 좌정시키고 나면 신에게 어디에 사는 누가 무슨 연고로 이 굿을 하게 되는지를 아뢴다. 여기까지를 청신 과정이라고 하겠다.

굿의 가장 중요한 핵심은 신과 인간의 만남을 꾀하는 오신에 있다. 여러 종류의 신들을 음식과 풍류로 즐겁게 대접하고 기분을 좋게 만든 뒤에 인간의 소원을 빌어 마침내 도와주겠노라는 대답을 들음으로써 신을 자기 편으로 만드는 것이 바로 굿의 목적이기 때문이다.

강신무들의 굿에서는 이 부분이 상당히 명확하게 드러난다. 춤과 노래로 신을 실어 스스로 신격화된 무당이 인간들과 직접 대화를 나눔으로써 만남의 자리를 만들기 때문이다. 무당은 해당 신격의 무복을 입은 뒤에 먼저 말로 신을 오십사고 청한다. 이어서 춤을 추는데 방울이나 부채 또는 삼지창과 같은 무구를 들기도 하고 소맷자락, 모자 같은 신복을 놀리면서 자신의 몸에 신이 실리기를 기원한다. 춤은 느리게 시작했다가 차차 빨라져 급한 박자의 상하 도무로 진행하는 것이 일반적이다. 마침내 신이 올랐다고 느껴지면 그 순간 무당은 왼쪽으로 한 바퀴 휙 돌고 사람들을 향해 제 자리에 우뚝 서는데 그 때부터 무당은 인간이 아니고 신의 지위를 획득했다고 믿어지는 것이다.

어 웃자.
성산대감 아니시리.
본향대감 아니시리.
에에 별상대감 아니시리.
욕심 많은 구능내감 아니시리.
마 머리 서낭 대감님 아니시리.

신이 된 무당은 먼저 여러 신격의 이름들을 부르면서 현재 자기가 어떤 신인가를 여러 사람들 앞에서 위엄있게 밝힌다. 이같은 신의 말을 공수라고 하는데 그렇게 함으로써 양자의 달라진 위치를 분명하게 설정해 준다.

인간과 처음 마주친 신의 반응은 대개의 경우 노여움으로 나타난다. 신은 항상 인간의 편에 서고 싶고 도와주려고 하는데 미련한 사람들은 그 뜻을 모르고 소홀하기 짝이 없는 것이다.

내 대감이 어떤 대감이냐.
내가 요만큼 생겨 주고 요만큼 먹여 주었더냐.
먹고 남고 쓰고 남게 도와주었건만
괘씸하다.
갈비로 양치질하시던 내 대감인데
요것이 무어란 말이냐.

굿상의 음식이 부족하다고 불평하는 대감신의 공수이다. 대감은 재물을 주는 신인데 욕심도 많다. 그래서 다른 신보다 노여움도 크고 불평 내용도 직선적이다. 대감이 이처럼 화를 내면 물론 사람들도 가만히 있을 수 없다. 용서해 달라고 빌기도 하고 어찌되었든 정성이니 도와주고 받아 달라고 응석을 부리기도 한다.

"네, 잘못했읍니다. 대감님. 이번 한 번만 잘 봐 주세요. 소소한 정성을 태산같이 눌러서 받으시고 도와주시면 다음에 굿 할 때는 대감님께 돼지 한 마리 바치고 크게 모실께요."

부족한 정성을 무당에게 주는 돈으로 대신하기도 한다. 이 과정은 마치 신과 인간이 벌이는 한 판의 흥정같기도 하다. 제의라면 경건해야 할 것 같은데 굿은 정성을 물질로 거래하는 적나라한 모습을 보여 주니 이상하다고 여길지도 모른다. 그러나 이같은 흥정은 이미 짜여진 의례의 한 형식으로 이해해야 할 것이다. 흥정은 굿에서 신을 대접하는 한 방법일 따름이다.

인간이 신에게 보여 준 정성은 결국 신을 감동시키게 된다. 그래서 굿은 기분이 좋아진 신이 음식을 대접 받고 춤추고 노는 것으로 이어지게 된다.

얼씨구 좋다 절씨구.
어떤 대감이 내 대감이냐.
욕심이 많은 내 대감에
탐심이 많은 내 대감.
가는 사망두 손을 치구 오는 사망을 휘디려서
억수나 장마 비 퍼붓듯
대천바다에 물밀리듯
재수사망을 섬겨 주자.
얼씨구 좋다 절씨구.

신이 인간에게 복을 내리면서 춤추고 노래하면 사람들도 기분이 좋지 않을 수 없다. 그래서 굿판에 모인 모든 사람들이 함께 춤을 추고 놀게 된다. 여기에는 신이 가장 기뻐하는 것이 바로 인간들이 기뻐 노는 것일 거라는 믿음이 깔려 있다. 그래서 처음에는 경건하고 엄숙하게 시작된 신과 인간의 관계가 대화를 통해 서로 화해하게 되고 마침내 놀이를 통해서 일체감을 꾀하는 단계까지 발전하는 것이다.

모든 굿의 마지막은 신을 본디의 자리로 되돌려보내는 송신으로 끝닌다. 뒷전 또는 마딩굿이라고 해서 잡귀를 풀어 먹여 보내는 것도 여기에 속한다. 다른 굿도 다 중요하지만 뭐니뭐니 해도 뒷전이 제일이라는 말이 있다. 뒷전에서 무당은 칼을 땅바닥에 던져 칼끝이 어느 쪽을 향했는가를 점치게 된다. 이 때 칼끝이 바깥을 향하면 잡귀가 물러가고 신들도 돌아가신 것으로 믿는다. 그러나 만일 칼끝이 집안을 향해 돌아오면 어딘가 굿이 잘못된 것으로 생각한다. 부정한 일이 있었거나 정성이 부족한 탓이다. 계속해서 칼끝이 집안을 향하면 굿은 결국 무효가 되고 다시 해야 된다. 이는 무속에서 굿이 끝난 뒤에 신을 본디 위치로 완전히 돌려보내는 것을 얼마나 중요하게 여기는지를 보여 주는 것이라 하겠다.

앞에서 굿의 기본 구조를 알아보았다. 그런데 재수굿이나 넋굿 같은 하나의 큰 굿은 다시 개별적인 신들을 모시는 작은 굿의 연속체로 구성되어 있다. 곧 굿은 처음에 부정굿으로 시작하여 맨 마지막에는 뒷전굿으로 끝나게 되는데 그 사이가 서로 성격이 다른 여러 신들을 개별적으로 모시는 작은 굿들로 꽉 차 있다. 흔히 굿 열두 거리라고 하는 말은 곧 열두 개의 서로 다른 성격의 신을 모시는 작은 굿을 열두번 반복해서 한다는 뜻이다. 이 작은 굿은 마찬가지로 굿이라고 하거나 거리, 석이라고도 표현한다.

서울 지역 재수굿의 예를 들면 무당은 부정, 청배거리에 이어 조상신을 모시는 말명거리를 하고 산신이자 최영 장군을 모시는 상산마누라거리를 한다. 그 뒤에 사도세자신이면서 마마(천연두)신으로 믿기도 하는 별상거리, 재수 주는 대감거리, 복 주고 명 주는 제석거리, 궁녀 죽은 귀신인 호구거리, 잡귀를 몰아내는 장수신 군웅거리, 집을 지켜 주는 성주거리, 광대신인 창부거리 따위를 순서대로 하게 된다. 물론 맨 마지막 거리는 송신에 해당하는 뒷전거리이다.

그런데 재미있는 것은 이 작은 하나의 굿거리 역시 큰 굿처럼 신을 청해 들이고 신과 인간이 만나고 다시 신을 본디 위치로 돌려보내는 기본 구조를 반복하고 있다는 사실이다. 무복을 입고 무구를 들고 춤과 노래를 통해 무당은 자기 몸에 신을 올리는데 이 과정이 바로 청신에 속한다. 이어서 신과 인간의 만남이 이루어지고 놀이 속에서 화해하게 된다. 그리고는 마지막에 짧게 춤을 추고 무복을 벗는 것으로 신을 되돌려보내는 것이다. 이렇게 볼 때 굿은 신을 청하는 청신, 예언을 듣고 신과 인간이 즐겁게 노는 오신, 신을 돌려보내는 송신의 구조를 갖는 한편 동일한 구조로 되어 있는 여러 개의 작은 굿거리들로 구성된다고 하겠다.

굿의 구조는 무속 종교에서 생각하고 있는 신과 인간의 관계를 잘 보여 준다. 일반적으로 사람들은 신보다 열등하여 그 아래에 종속된다고 생각한다. 신에게 의지하지 않으면 삶의 어려운 문제를 풀 수가 없기 때문이다. 그러나 이것은 매우 표피적이고 인상적인 결론이다. 적어도 굿의 구조는 인간이 결코 신의 지배를 받는 존재가 아니라는 사고를 보여 준다. 평소에 신은 인간과 함께 거주하지 않는다. 무당이 아니고서는 집안에 신을 모시는 일이 없기 때문이다. 그러나 살아가다가 도저히 자기 힘으로 해결이 안 되는 한계 상황에 이르면 사람들은 비로소 신을 생각한다. 신과의 교통이 가능한 무당을 부르고 음식을 차려 놓고 굿을 한다.

신은 인간의 요청이 있어야만 사람을 만나러 올 수 있다. 굿판에서 처음 신과 인간이 만날 때 으레 신이 노여움을 표시하는 것은 그 만남의 주도권을 바로 인간이 쥐고 있기 때문이다. 인간이 신을 몰라보면 때로는 해를 입히기도 하지만 그것은 주위를 환기시키기 위한 노력일 뿐이다. 인간의 요청을 받고 신이 오면 술과 음식으로 신을 기분 좋게 만든 뒤에 소원을 말한다. 마침내 노여움을 푼 신에게서 도와 주겠다는 대답을 들으면 지체없이 신을 본디의 위치로 되돌려보내는 것이 바로 굿의 구조이다.

무속의 신은 인간에게 절대의 힘을 가지고 있다. 그러나 인간의 요구에 따라 움직이는 도구적인 존재이기도 하다. 사람들은 삶을 보호해 주는 신을 모시기 위해 굿을 한다지만 그 본디 목적은 자기에게 필요한 대로 신의 힘을 조종하려는 데 있다. 겉으로는 신에게 절대 복종하는 체하고 두 손을 비비지만 실제로는 신을 이용해서 자기 욕구를 채우겠다는 현실적인 목적이 더 중요한 것임을 굿의 구조는 보여주고 있는 것이다.

신관

종교는 신의 모습을 각기 다르게 구현하고 있다. 기독교에서는 사랑의 하나님을 강조한다. 마호멧교는 정의의 신을 그리고 부처는 대자대비한 존재로 믿어진다. 무속의 신은 어떤 성격을 지녔을까? 무속에서 믿는 신은 수없이 많지만 그들은 윤리적이고 인격적인 존재라기 보다는 구체적인 힘으로 믿어진다는 점에서 공통적이다. 그 힘은 아주 구체적으로 인간의 행과 불행에 영향을 미친다. 특별히 선한 신도, 악한 신도 없다. 단지 위해 주면 인간에게 복을 주고 위해 주지 않으면 해를 주는 힘일 따름이다. 그 힘은 인간이 어떻게 대접을 하느냐에 따라 움직이기 때문에 반드시 굿을 해서 인간에게 유리한 쪽으로 이끌어야 한다.

질병을 가져다 주거나 집안을 망하게 할 수 있는가 하면 자식을 점지해 주고 복을 주기도 하는 무속의 신들은 대단히 현실적인 힘의 존재들이다. 그래서 무속 종교는 일상 생활에 필요한 곳에 수많은 신들을 설정해 놓고 있다. 산에는 산신이 있고 물에는 용신이 있으며 마을은 골매기(고을막이)와 서낭이 지켜 준다. 사람이 사는 집은 중요한 공간이어서 특히 많은 신이 있다. 집 전체는 성주가 관할하며 대문은 문신, 부엌은 조왕, 장독은 철륭, 변소는 측신, 마굿간은 마대

장군, 마당은 터주가 지키고 있다.

그런가 하면 인간의 일생도 신에게 달려 있다. 아이를 낳게 해 주는 신은 삼신이고 수명을 길게 이어 주는 신은 칠성이며 잘 살도록 복을 주는 신은 제석이다. 마마 같은 몹쓸 병을 앓지 않게 해 주는 신은 별상이고 재수있게 해 주는 신은 대감이다. 죽은 뒤에는 사재(使者)가 저승으로 데려가고 저승은 시왕이 지키는 공정한 세계라고 믿는다.

이 많은 무속의 신 가운데 추상적인 신은 하나도 없다. 곧 행복의 신이라든가 아름다움의 여신이라든가 음악의 신과 같은 것은 없다. 오직 구체적인 삶을 보호해 주는 신만이 있을 따름이다. 이는 무속이 지극히 현실을 중시하는 종교이기 때문일 것이다. 무속적인 심성으로 보면 사는 동안 특별히 아프지 않고 천재 지변을 당하지 않고 배부르고 등 따뜻하게 자식 키우면서 수명대로 살다가 죽는 자연적인 삶이 가장 바람직한 것으로 여겨지는 것이다.

그러나 나름대로 윤리적인 가치관이 없는 것은 아니다. 굿을 하는 가운데 무당은 수많은 신화를 노래로 부른다. 이 중 바리데기는 전국적으로 분포된 신화의 하나이다. 내용을 간단히 소개하면, 바리데기는 아들을 기다리던 왕의 공주로 태어나, 낳자마자 부모로부터 버림받는다. "버렸다 버리데기 바렸다 바리데기" 그래서 이름도 바리데기가 되었다. 어머니, 아버지를 모르고 자라난 바리데기는 열다섯 살 되던 해에 자식 버린 죄로 죽을 병에 걸린 부모를 만난다. 저승에 가서 약물을 길어와 먹어야 낫는다는 말에 '길러준 공은 없으나 낳아 준 공이 있으니 부모 공양 가오리다' 하며 저승길을 떠난다. 산 사람은 저승에 갈 수 없으니 이는 목숨을 건 행동이다.

고생 끝에 저승에 도착하니 무장승이 약물을 지키고 있다. 무장승은 혼인하여 아들 셋을 낳아 주어야 약물을 주겠다고 한다. 바리데기는 할 수 없이 무장승과 혼인, 아들 셋을 낳아 준다. 마침내 약물을 길어 돌아와 보니 이미 부모는 돌아가시고 상여가 나온다. 바리데기는 상여를 멈추고 약물로 죽은 부모를 살려낸다. 하늘이 낸 효녀 바리데기는 저승에 가서 약물을 길어 부모를 살린 공덕으로 저승을 관장하는 신이 된다.

바리데기 신화는 절대 희생의 효라는 가치관을 강조하고 있다. 낳자마자 자식을 버린 부모이지만 그 부모를 위해 바리데기는 목숨을 건다. 바리데기의 이러한 행동은 가족을 위한 그리고 집단을 위한 개인의 희생이 매우 가치있는 일이라는 무속적인 관념의 표현이다. 특히 바리데기가 구한 부모는 보통 사람이 아니고 한 나라의 임금이요, 왕후이다. 바리데기 신화는 국가를 위해, 공동의 선(善)을 위해서는 개인의 희생적인 행동이 필요하고 그것이 고귀하다는 무속적인 철학을 담고 있다. 특히 바리데기는 남자가 중심이 되는 사회의 희생물로 등장한다. 바리데기 신화는 가장 낮은 위치에 있는 여인들이 집단을 위해 행하는 절대적인 희생이 결국 우리 사회를 이끌어가는 힘이 되고 있음을 보여 준다.

굿에는 수많은 신이 등장하는데 그들 사이에 계급의 등차가 전혀 없다는 것이 무속 종교의 특징이다. 이를 같은 다신교인 고대 그리이스 신화와 비교하면 차이점이 쉽게 드러난다. 그리이스 신화를 보면 모든 신들 위에는 제우스라는 왕이 있어 통치를 했고 신들끼리도 서로 사랑하고 질투하고 전쟁을 하는 따위의 복잡한 관계로 얽혀 있다. 그러나 무속 종교의 신들 사이에는 아무런 계급도, 관계도 존재하지 않는다.

천신이나 산신이라고 해서 마을의 수호신보다 높지 않고 집 전체를 지키는 성주신이 변소신인 측신에게 어떤 명령을 내릴 수도 없다. 그런가 하면 삼신은 오직 생명을 잉태시키는 일에만 힘이 있고 수명을 주는 것은 칠성의 일이다. 삼신과 칠성은 서로 아무런 관련을 맺지 않고 묵묵히 자기 일만 한다.

흔히 굿의 맨마지막에 풀어 먹이는 잡귀는 하위신이라는 말을 쓴다. 잡귀는 높은 신을 따라온 졸개 같은 존재라는 것이다. 그러나 그 말이 신빙성을 가지려면 뒷전 같은 의례는 없어져야 할 것이다. 높은 신을 따르는 하위신을 위해 별개의 굿을 할 필요가 없겠기 때문이다. 하지만 이미 이야기했듯이 뒷전은 매우 중요한 굿의 하나이다. 곧 신의 기능에서 볼 때에 높은 신으로 부르든 낮은 신으로 생각되든 그 힘은 똑같은 것이다. 잡귀들 역시 높은 신 못지않게 힘을 가지고 인간의 삶에 관계하는 것을 볼 수 있다.

이처럼 신의 세계에서 위, 아래를 설정하지 않는 무속적인 심성은 인간 세계에도 그대로 적용될 수 있다. 신의 세계에서 위, 아래가 없는데 아무려면 사람과 사람 사이에 위, 아래가 있겠느냐 하는 사고를 낳는 것이다. 이것은 거꾸로 인간과 인간 사이에 차별을 두지 않는 평등한 마음이 상정한 신관이기도 하다. 다시 말해서 무속적인 인간관은 자존심이 강하고 독립적이며, 좀처럼 남의 지배를 받지 않으려는 성격으로 나타난다. 각자의 개성을 존중하고 계급을 인정하지 않는 신의 관계는 곧 인간 관계의 반영이기 때문이다.

굿의 내용

이제 마지막으로 구체적인 굿의 내용을 살펴보려고 한다. 여러 가지 굿 중에서 죽음을 다루는 넋굿과 삶을 다루는 마을굿이 가장 대표적이다.

넋굿

넋굿은 죽은 사람의 영혼을 저승으로 천도하는 굿이다. 저승이 하늘에 있는지 땅 속에 있는지는 모르지만 상당히 먼 것만은 분명하다. 사람이 죽으면 사재밥을 대문 밖에 놓는 풍습이 있는데 이 때 짚신도 함께 놓는다. 사재가 오랫 동안 먼 데서 걸어오느라고 신이 다 해어졌을 거라고 믿기 때문이다. 그렇다면 평지로 걸어갈 수 있는 곳에 저승이 있지 않을까?

아뭏든 사람은 죽으면 이승을 떠나 저승으로 옮겨가야만 한다. 삶과 죽음의 한계는 분명해서 절대로 공존할 수 없기 때문이다. 하지만 죽었다고 해서 선선히 이승을 버릴 수 있을까? 속담에 '개똥밭에 굴러도 이승이 좋다'는 말이 있다. 아무리 가난하고 힘들게 살아도 죽

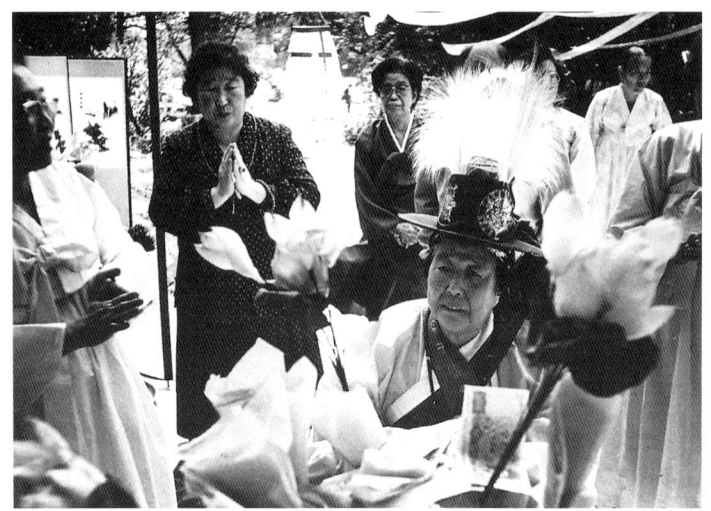

이춘옥 만신이 죽은이의 옷과 수왕(十王) 다리를 놓은 상 앞에서 망자의 혼을 부르고 있다.

는 것보다는 사는게 낫다는 이야기이다. 그만큼 사람들이 삶에 대해 갖는 미련은 본능적이라고 하겠다.

자신의 삶이 억울하고 충분치 못하다고 느끼는 영혼일수록 이승에 대한 미련은 클 수밖에 없을 것이다. 젊은 나이에 죽었다든지 결혼을 못하고 죽었다든지 혹은 싸움터에서, 차에 치어서 피를 흘리며 비참하게 죽은 영혼은 죽음을 받아들일 준비가 안 되어 있었던 만큼 삶에의 미련이 훨씬 더 많이 남아 있으리라고 짐작할 수 있다. 이것을 우리는 한(恨)이라고 부른다.

무속에서는 한이 많은 영혼은 비록 몸은 죽었어도 저승에 들 수가 없다고 믿는다. 이승에의 미련 때문에 저승에 가지 못하고 또 이미 죽었으니 이승에 남을 수도 없고 결국 한많은 영혼은 이승과 저승 사이를 떠도는 가엾은 존재가 된다는 것이다. 이러한 존재를 무속에서는 잡귀의 일종인 영산이라고 한다.

"목을 매서 자결영산, 물에 빠져 수살영산, 낳고 가구 배고 가던

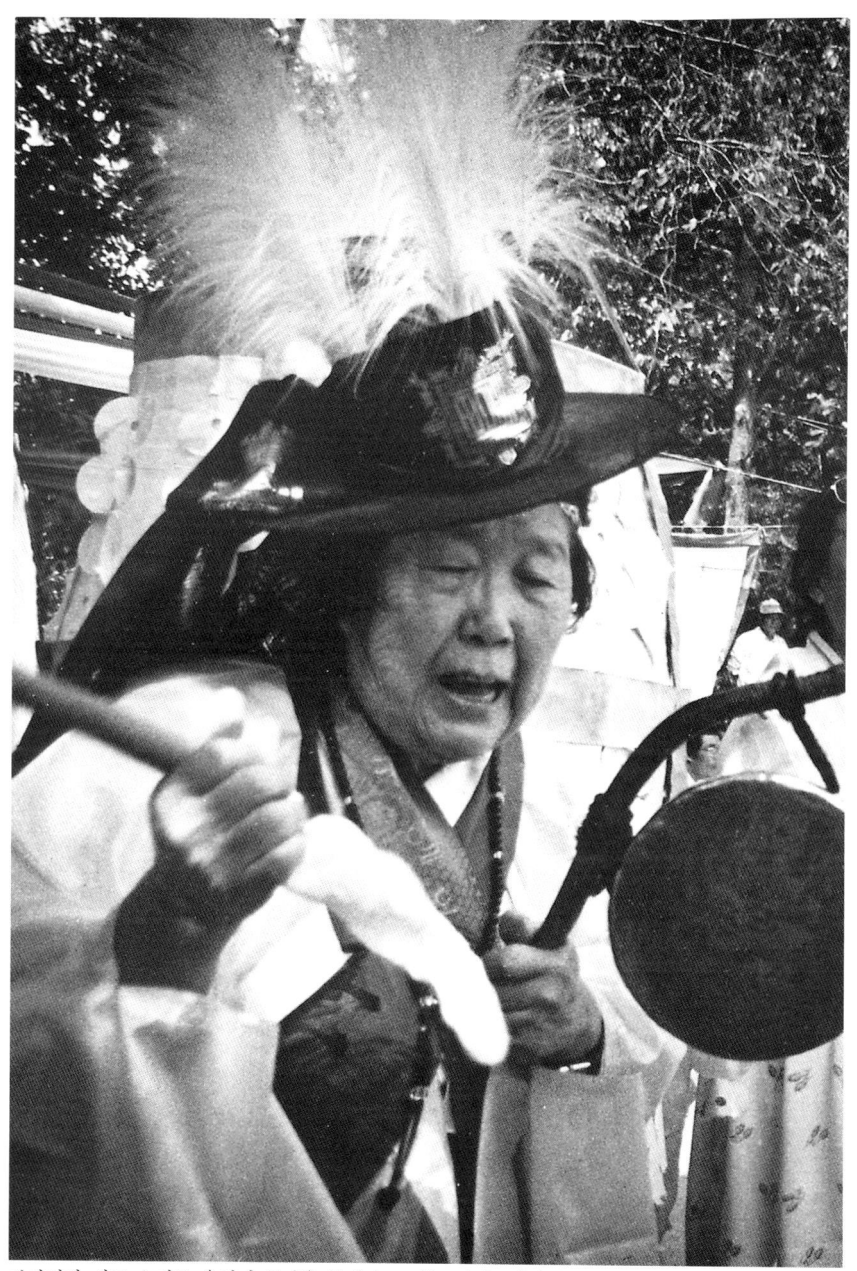

꽹과리와 제금 소리를 울리며 굿당을 돌아보고 있는 만신. 망자의 넋이 내리기를
빌고 있다.

하탈영산, 범에 물려 호영산, 거리 거리에 객사영산, 총 맞구 칼 맞아 간 영산, 폭격 맞아 간 영산, 폐병에 가든 영산, 주마창에 가든 영산, 전차 기차 버스에 치어 가든 영산……."

온전치 못한 모든 죽음은 영산이 된다. 넋굿은 바로 억울한 영혼의 한을 풀어 주어 저승에 들 수 있는 존재로 만드는 굿이다.

넋굿의 기본 구조는 전국 어느 지방이나 거의 비슷하다. 공통점을 중심으로 내용을 살펴보면 먼저 무당이 바리데기 신화를 노래하는 부분이 있다. 황해도나 평안도, 제주도처럼 바리데기 신화가 전승되지 않는 지역을 제외하고는 무당이 바리데기 무가를 부른다. 바리데기는 망자를 저승으로 인도해가는 신이기 때문이다.

두번째 공통점은 망자의 한풀이가 넋굿의 중심이라는 것이다. 신들린 무당이라면 스스로 자기 몸에 망자의 넋을 내려 넋두리를 하게 된다. 생전에 못다한 이야기, 먹고 싶었던 음식, 해보고 싶었던 일, 만나고 싶었던 사람, 살아 있는 모든 존재에 대한 그리움이 무당의 입을 통해 절절히 흘러나온다. 세습무 굿에서는 가족이나 이웃에게 넋대를 내려 한풀이를 해 준다. 무당의 간절한 축원을 들으면서 망인의 옷을 묶은 소나무가지를 잡고 정신을 바짝 집중하면 대를 통해 망인의 넋이 내린다. 자기도 모르게 대가 덜덜 떨리다가 위, 아래로 마구 움직이면 바로 넋이 내린 것이다. 넋대를 내린 사람은 잠시나마 망인이 되어 가족을 만나고 슬픔을 나눈다.

전라도 지역의 씻김굿에서는 이 부분이 고풀이 의례로 나타난다. 아홉 자 무명을 풀어 일곱 개의 매듭을 묶는다. 망인의 밥주발과 함께 고를 매달고 무녀가 춤으로 풀어가는 것이 바로 고풀이이다. 마디마디 맺힌 일곱 개의 고는 삶의 회한이 만든 피멍이다. 무녀는 천 마디 만 마디의 넋두리를 가슴에 담은 채 단순한 징가락에 맞추어 춤을 춘다. 야무지게 맺힌 고가 하나씩 풀려가는 것을 보는 사람들은 망자가 이승의 결박에서 풀려 자유로워지는 과정을 그대로 느낄 수 있다.

고풀이는 가장 절제되고 예술적으로 형상화된 한풀이의 절정이라고 하겠다.

한풀이가 끝나면 망자는 비로소 삶에 대한 미련을 버려 이승의 결박으로부터 자유로와진다. 저승을 갈 수 있게 되는 것이다. 그래서 넋굿의 마지막은 망자가 저승으로 편히 갈 수 있도록 길을 닦아 주는 것으로 장식된다. 보통은 염불을 외면서 망자의 옷과 종이를 오려 만든 지전 따위로 저승가는 길을 상징하는 긴 무명과 베를 닦아 준다. 그런가 하면 망자가 타고 갈 모형 배를 만들어 들고 춤을 추기도 한다. 강신무 굿에서는 무당이 몸으로 이승과 저승을 잇는 다리를 의미하는 헝겊을 찢어나가는데 이는 이승으로부터의 완전한 단절, 해탈이라는 의미를 적극적으로 나타내는 것이다.

이러한 넋굿의 과정은 실제로 죽음의 과정을 다시 한번 차근차근 재현한 것이다. 죽음은 순간적인 사건이다. 어느 정도 예정된 죽음이라고 해도 그것은 언제나 뜻밖의 사건이 되어 놀라운 충격을 주게 된다. 일단 사람이 죽으면 그는 절대 타자가 되어 살아 있는 사람과의 교류가 한순간에 끊어져 버린다. 더 이상 그를 이해할 수도 없고 나를 그에게 이해시킬 수도 없다. 이러한 절대적인 거리는 죽은 영혼만이 아니라 살아 있는 사람에게도 치명적인 한을 남기게 된다. 그래서 넋굿은 산 사람에게 죽음의 과정을 다시 한번 재체험시킴으로써 서로의 한을 푸는 자리가 되는 것이다.

넋굿은 많은 사람들이 지켜보는 가운데 삶과 죽음이 화해하는 의례이다. 어머니의 넋굿을 하는 딸은 살아 계실 때 가슴 아프게 해 드린 일을 뉘우치며 운다. 무당을 끌어안고 죽은 어머니가 살아온 양 모든 사람들이 보는 앞에서 자신의 잘못을 낱낱이 이야기하며 뉘우치는 과정은 바로 딸 자신의 한풀이이기도 하다. 살아 계실 때 어머니에게 잘 해 드리지 못한 딸이라면 그 회한은 더 클 것이다. 만일 굿을 하지 않았더라면 그 딸은 평생 죄의식으로 괴로워 했을 것이다.

그러나 굿에서 딸이 자기 입으로 한 고백은 어머니뿐 아니라 주위의 모든 사람들로부터 용서를 끌어낸다. 그리고 그 과정을 통해 딸 역시 자신을 용서하게 된다.

이처럼 넋굿은 죽은 영혼을 저승으로 보내는 것말고도 산 사람을 죽음으로부터 해방시켜 주는 기능도 갖는다. 어차피 삶과 죽음은 공존할 수 없다. 삶을 보호하기 위해서 죽음의 그림자는 서서히 옅어지고 마침내 물러가야 한다. 넋굿은 죽은 자와 산 자가 만나는 자리일 뿐 아니라 동시에 사랑하는 가족을 잃은 남은 사람들이 공동의 슬픔을 나누면서 서로 화해하고 위로하면서 상실의 아픔을 딛고 새로운 삶을 시작하는 출발점이 되기도 한다.

마을굿

마을굿은 지연(地緣)을 바탕으로 삶의 근거를 이루는 사람들이 모여 한 해 동안 마을이 평안하고 주민들이 건강하며 생업이 번성하게 해 달라는 공동의 목적을 위해 행하는 집단적인 무속 의례이다. 전통적으로 우리나라의 마을에는 그 지역을 수호하는 당(堂)이 있어 여기에 제의를 베풀어 왔다. 주민 모두의 자발적인 참여로 당골 무당을 불러 행하는 마을굿은 종교적인 잔치의 성격을 띠어 굿과 함께 줄다리기, 돌싸움, 고싸움 같은 집단적인 놀이가 뒤따랐고 흥겨운 판이 벌어지게 마련이었다.

어느 마을에서 굿을 한다고 하면 이웃에서 구경을 오기도 하고 사람들이 모이면 으레 장사꾼이 몰려오게 되어 점차 판이 커진다. 밥장수, 술장수, 엿장수가 오고 옷감이나 그릇을 파는 장사치도 오고 사당패 같은 떠돌이 놀이패가 기예를 팔기 위해 모여들고 요즘 같으면 서커스도 들어오고 한바탕 난장을 벌이는데 이것이 바로 우리나라의

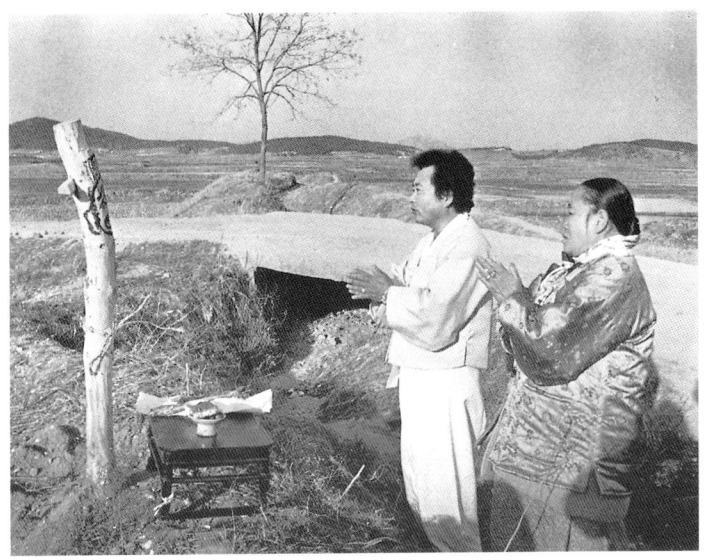

마을 입구에 세운 장승 앞에서 장승멕이굿을 하고 있다. 굿하는 날 아침 마을의
동서 양쪽에 장승을 한 개씩 세운다. 장승은 마을 입구에 서서 마을로 들어오는 사
악한 것을 쫓는 역할을 하기 때문에 장승에게 비는 것이다.

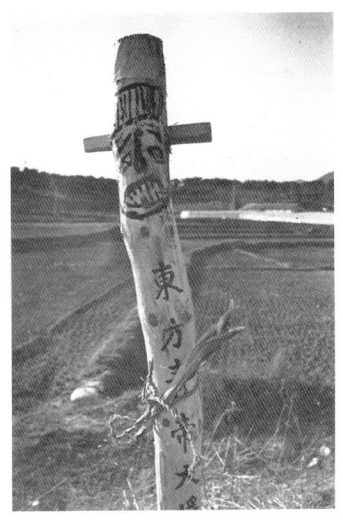

동쪽에 세워진 동방청제장군
(東方靑帝將軍)

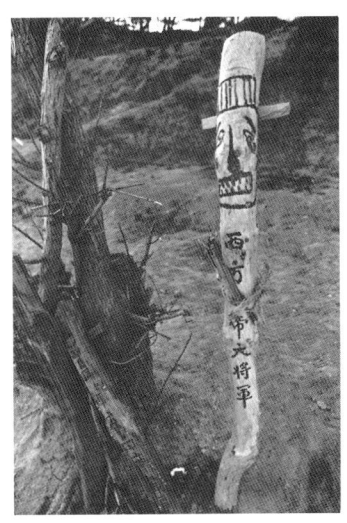

서쪽에 세워진 서방백제장군
(西方白帝將軍)

축제이다. 들이나 바다, 어디에 있든지 비슷한 생업을 가진 사람들이 모여 한마을에 사는 공동운명체로서의 의식을 튼튼하게 다지고 긍지를 가지게 하는 사회적인 장치로서 마을굿의 기능은 절대적이었다. 어촌에서는 같은 서낭당을 모시는 주민들이 바다에서 공동 작업을 했고 농촌에서는 하나의 산을 의지하고 사는 사람들이 모여 농사를 지었다. 고기잡는 일이나 농사일이나 노동을 교환하고 협동하지 않으면 풍성한 수확을 기대할 수가 없다. 마을이 바로 자기 생존의 근거이고 서로 단결하고 돕는 것이 바로 자신이 사는 길임을 아는 사람들은 해마다 혹은 몇 해마다 한 번씩 벌이는 굿을 통해 그들이 한마을 사람임을 스스로 확인했다. 공동체의 신을 위해 주민 모두가 정성을 모아 굿을 벌이는 가운데 그들은 자기 마을에 대해 소속감과 긍지를 가지게 되었고 마을과 개인이 함께 발전할 수 있었다.

그러나 마을굿은 일제 시대 때부터 탄압의 대상이 되어 육이오 전쟁, 새마을 운동을 거치면서 거의 소멸 직전에 있다. 특히 급격한 도시의 팽창으로 마을굿의 기반이 되는 지연이 무너져 옛날의 모습을

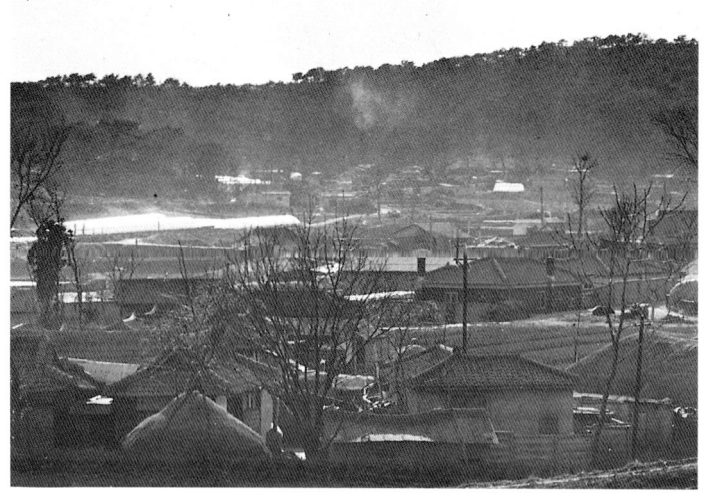

이곳에서 82년 3월 25, 26일 굿이 진행되었다. 동네 노인들에 의하면 이 마을의 역사는 약 250년이 되었고 마을이 생긴 이래 도당굿이 계속되어 왔다고 한다.

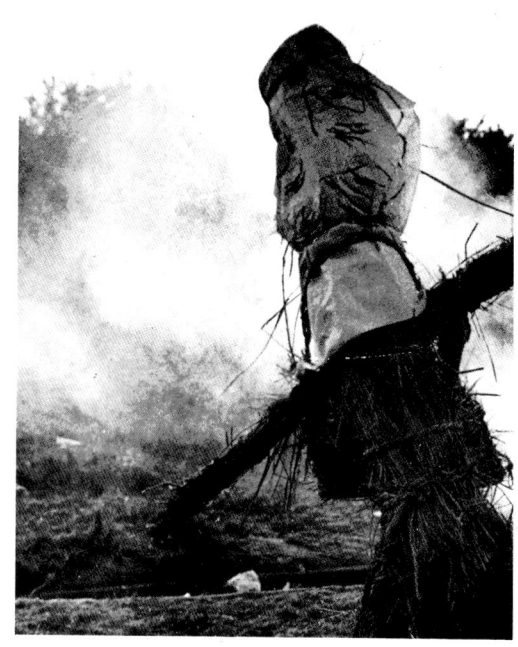

온갖 잡귀를 돌려보
내는 뒷전이다. 정업
이를 때리고 얼르며
그 죄를 다스리고 있
다. 액을 몰아오는 정
업이를 불태워 액을
막고 마을의 안녕을
빈다.

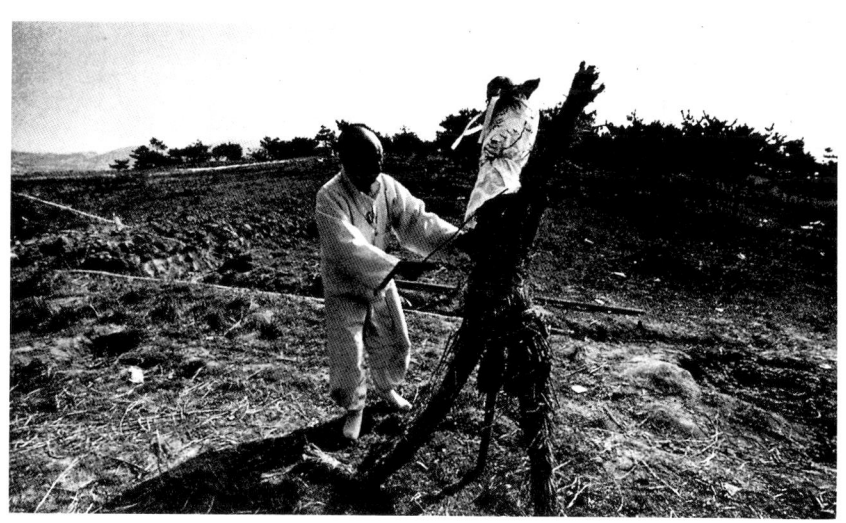

되찾기는 어려울 것같다.

　마을굿은 공간적으로 가까운 거리에 사는 사람들이 비슷한 생활
양식과 정서적인 체험을 공유할 수 있는 현실적인 행복을 기원한다.
하지만 도시는 생활의 근거가 지연에 있지 않다. 도시의 이웃들은 공
간적으로 가까이 산다 해도 각기 직업이 다르고 삶의 체험이나 문화
적인 배경이 달라 공유할 수 있는 아무 것도 가지고 있지 못하다. 우
연이 개재되지 않는 한 그들의 생활은 서로 얽히지 않는다. 그래서
한마을 사람끼리 십 년이 넘도록 얼굴조차 모르고 지내는 일이 가능
한 것이다.

　생활의 방편이 달라 서로 이해 관계가 없고 개인적인 행동이 얼마
든지 가능한 도시에서는 지역 공동체 형성이 어렵다. 사회적인 강제
성을 어느 정도 가지고 있는 반상회조차 제대로 이루어지지 않는 현
실이 그것을 단적으로 보여 준다.

　이제 몇 해 전에 서울의 한복판에서 마지막으로 벌어졌던 마을굿
을 소개하는 것으로 이 글을 끝맺음하려고 한다. 1984년 음력 10월
3일 답십리 5동에서 보았던 도당굿은 아직 마을굿의 기능을 가지고
있었지만 도시의 거대한 흐름에 곧 밀려날 운명이었다. 그리고 그것
은 나라굿에서 집굿으로, 큰굿에서 푸닥거리로 점차 작아지고, 이기
적이 되며, 열려진 의례에서 닫혀진 의례로 변해가는 오늘날 무속 문
화의 집약된 모습이기도 했다.

답십리 도당굿

　사방으로 쭉쭉 뻗은 4차선 도로들이 시원하고 길가에는 문을 막
연 듯 반짝이는 고층 건물들이 늘어서 있다. 페인트 냄새가 묻어날
것 같은 신흥 도시 답십리, 도당굿은 바로 그 산뜻한 아스팔트에서
멀지 않은 어둡고 좁은 비탈길을 올라간 곳에서 벌어졌다.

　이름도 없는 야트막한 야산 꼭대기, 지금은 집이 빼곡하게 들어차

있어 작은 언덕처럼 느껴지는 도당터는 이백 그루쯤 되는 나무에 둘러싸인 제법 널찍한 숲이어서 그런대로 과거의 영광을 보여 주고 있다. 불과 스무 해 전만 해도 답십리는 땅 파는 일을 유일한 생업으로 알고 살아온 전형적인 농촌이었다. 엄청나게 비대한 대도시 서울에 편입되어 이제 농사 짓는 사람들은 아무도 없지만 그래도 마을의 토박이들은 10월 상달이면 햇곡맞이로 도당할아버지께 올리는 정성을 이어오고 있다. 천도교 회관과 공유하고 있기는 하지만 지금껏 도당터와 제단을 지켜올 수 있었던 것은 이들이 농토는 잃었어도 농사꾼의 마음은 버리지 않은 때문일 것이다.

답십리 도당에는 당집이 없다. 단지 도당터 한쪽에 제물을 진설할 수 있게 시멘트로 단을 쌓았을 뿐이다. 굿을 할 때에는 제단 주위에 차일을 쳐서 바람을 막는다. 이와 함께 개비대감을 모시는 것이 답십리 도당굿의 특징이다. 개비대감은 곧 도깨비라고 믿는데 지금은 절터가 되었으나 마을 아래쪽에 서 있는 소나무가 신체(神體)이다.

답십리 도당굿을 지키는 조직은 답십리도당보존위원회이다. 대개 쉰 살이 넘은 토박이 남자들로 구성된 이 위원회는 해마다 음력 9월 20일에 총회를 열고 예산을 짠다. 회원이 250명인 이 위원회를 움직이는 사람들은 제주 세 명인데 이 가운데 건축업을 하는 김중문(1919년)씨가 주장제주이다. 제주의 임무 가운데 가장 중요한 것은 마을을 대표하여 도당굿을 주관할 도가와 그를 도와줄 소임 다섯 명을 뽑는 일이다.

해마다 10월 초하루 오전 3시에 제주들은 당에 올라와 누가 이번 도당굿을 맡을지 신의 뜻을 묻는 '사실을 뗀다.' 창호지에 일을 할만한 보존회원의 이름을 쓴 뒤에 스물한 개의 붉은팥을 싸서 축원하며 물동이에 넣는다. 신이 선택한 사람의 이름이 적힌 팥은 가라앉지 않고 물 위에 동동 뜬다는 것이다. 이를 '사실뗀다'고 하며 이렇게 선택된 사람은 아무도 불평을 못하고 마을 일을 보게 마련이라고 한다.

날짜는 절에서 받아 오는데 으레 10월 초순에 굿하는 것을 아는 주민들은 초하루부터 쌀과 돈을 가지고 당으로 온다. 도가와 소임이 추렴을 받고 제물을 장만한다. 84년에는 220 가구가 참여하여 90만 원이 걷혔다. 답십리 5동만도 3600 세대라고 하니 원주민의 수효가 극히 적은 것을 알 수 있다. 제물은 점이 없는 검정 수퇘지가 가장 중요한 것으로 취급되고 반드시 도가와 도가들의 처로 구성된 제한된 사람들이 당에서 장만한다.

굿은 밤이 이슥한 시간에 시작되었다. 먼저 당주무당이 굿당에서 부정을 물리고 당 앞에 나가서 좌우수살멕이를 한다. 본디 마을 주위를 한 바퀴 돌면서 마을 전체를 정화하는 의례이지만 지금은 간단히 당 앞에서 행한다. 답십리 도당굿은 무속과 유교가 혼합되어 있어서 제사를 모셨다. 향 피우고 축문 읽고 술 따르고 절하는 전통적인 제사인데 남자만 참여한다. 제사가 끝나면 모두 춤을 추어 신을 기쁘게 한다.

보통 주민들은 이 때부터 굿당에 올라올 수 있다. 경건한 제사를 모실 때까지는 잡인을 금하고 말도 가급적 하지 않는 따위로 행동을 조심한다.

그러나 그 뒤로는 모든 금기가 풀리고 흥청한 굿판의 분위기가 시작된다.

무당들이 번갈아가며 가망, 본향, 상산, 별상, 신장, 대감굿을 하는데 개인 개인에게 공수를 주는 일이 주업이다. 굿에 올라온 사람들은 대개 할머니, 아주머니들로 여자이다. 주관하는 사람들은 오히려 멀찌감치 떨어지고 가끔 술을 얻어먹을 때만 가까이 온다. 무당은 집안 일을 물어 오는 여인네를 잡고 크지 않은 목소리로 의논 상대를 해 준다. 딸 시집 언제 보내는 게 좋을지, 이사가는 것이 좋을지를 의논하는데 마을 전체의 일을 묻는 사람은 아무도 없다. 대동으로 굿판을 벌인 김에 자기 집안 신수 묻기에 혈안인 것이다.

준비 과정에서는 집단성이 유지되었으나 굿의 분위기는 그렇지 못했다. 밤이 깊어가면서 굿판은 술판, 놀이판, 춤판으로 바뀐다. 누구도 막는 사람이 없다. 심지어 무당 한 명도 술에 취해서 운다. 오랫만에 함께 모였지만, 그래서 신명나게 춤도 추었건만 조금씩 고독한 모습이 내비친다.

새벽이 되어 굿이 끝날 무렵에는 굿에 참여한 각 가정을 위해 소지를 올려 준다. 도가가 무당 옆에 쪼그리고 앉아 성과 나이를 대면 무당은 축원 덕담을 하면서 소지 한 장을 태운다. 한편 아주머니들은 남은 음식을 집집마다 분배하여 방기를 돌린다. 돈만 내고 굿에 오지 못한 사람에게는 고기 한 점 더 놓기를 잊지 않는다.

답십리 도당굿은 그 뒤로 돈이 걷히지 않아 계속하지 못하고 있다. 적어도 100만 원은 가져야 굿을 하는데 그것이 모아지지 않는 것이다. 이백 가구에서 5000원씩만 내면 되니 한 해 종교비로 비싸다고 할 수 없다. 결국 농사꾼의 마음을 버리지 않고 있던 토박이들마저 도당굿을 지켜야 할 명분을 찾지 못한 결과일 것이다. 함께 모여 마을 전체가 잘 되라고 도당굿을 하는 대신 삼각산 기슭에서 아들의 출세를 위해 푸닥거리를 하는 장구 소리가 귀에 들려오는 것만 같다.

빛깔있는 책들 101-8

팔도 굿

글	황루시
사진	김수남

발행인	김남석
발행처	주식회사 대원사

편집 이사	김정옥
전 무	정만성
영업 부장	이현석

첫판 1쇄	1989년 5월 15일 발행
재판 1쇄	2011년 5월 30일 발행

주식회사 대원사
우편번호/135-943
서울 강남구 일원동 640-2
전화번호/(02) 757-6717~9
팩시밀리/(02) 775-8043
등록번호/제 3-191호
http://www.daewonsa.co.kr

빛깔있는 책들은 계속 나옵니다.

ⓒ 값 13,000원

ISBN 89-369-0008-0 00380

빛깔있는 책들